中国四代建筑师

■ 杨永生

中国建筑工业出版社

图书在版编目(CIP)数据

中国四代建筑师/杨永生著. —北京：中国建筑工业出版社，2002

ISBN 978-7-112-04900-4

Ⅰ. 中… Ⅱ. 杨… Ⅲ. 建筑师-人物研究-中国 Ⅳ. K826.16

中国版本图书馆 CIP 数据核字（2001）第 085459 号

版式设计：蔡宏生　赵　力

中国四代建筑师

杨永生

*

中国建筑工业出版社出版、发行(北京西郊百万庄)
各地新华书店、建筑书店经销
北京广厦京港图文有限公司设计制作
北京同文印刷有限责任公司印刷

*

开本：787×1092 毫米　1/16　印张：9¼　字数：213 千字
2002 年 1 月第一版　2016 年 11 月第四次印刷
定价：**20.00** 元
ISBN 978-7-112-04900-4
　　（10379）

版权所有　翻印必究
如有印装质量问题，可寄本社退换
（邮政编码 100037）

再版编者的话

这本书初版于2002年元月，早已售缺。直到最近，在作者杨永生家里谈及此书再版事宜，顺便翻阅了他保存的一些有关评论此书的资料，觉得可以从中选摘一些，作为导读材料，也许对读者不无启迪。

文化学者蒋祖烜先生[1]在2002年12月27日《中国建设报》上发表的"为中国建筑师立传——读杨永生著《中国四代建筑师》"[2]一文中写道：

"它是一部严谨的建筑史学术著作，既涉及了时代、社会、经济、科技、教育等外部因素，又触摸到建筑业界自身发展的内部规律，通过综合、比较、分析，建立了中国现代意义的四代建筑师的断代论……"

"著作以独到的叙述方式，精要地概括了100余位在建筑创作、建筑教育方面卓有建树的重量级人物，通过对他们的重要成就、创作理念、历史功绩和不平凡的人生经历的描述，挖掘其成长成熟的根源，既提示出独到的创作理念和特色，确切地指认其人其作在中国建筑史上的地位，又总结出共同的成长规律。对每一代建筑师的主体特征评价贴切而中肯。"

"特别有意思的是书中作者本人与部分建筑师的交往录与印象记，寥寥数笔，勾画出人物的特征、个性神采，许多先前只闻其名不知其人的建筑师，跃然纸上。以人带史，'史'料变得鲜活、生动，是十分珍贵的第一手资料。作者没有见过著名建筑师林徽因，但他以林的女儿梁再冰的相貌神态推测林徽因今天的风采，更是神来之笔。"

"著作编排新颖，图片丰富而选择精当，制作精良，满足了读者对建筑师和建筑物直观了解的需求。100余位建筑师每人都配有图片，仅从这一点看已经相当不容易了。由此可以推测，要在没有多少系统和现成材料的基础上收集整理一部专门的建筑人物史是多么难得。"

"为中国建筑师立传，其意义是积极而深远的。对建筑学界和建筑学术当然有直接的价值，对全面建设小康社会的中国更是有远见的文化舆论和积累……"

"……当人们开始重视环境与建筑时，大多对这门专业的学问有些疏隔。有时埋怨甲方决策武断，有时候又指责建筑师媚俗势利。其实，更重要的是全民建筑意识的孱弱。在这样的情况下，尤其需要一些沟通的桥梁和纽带。而建筑师们忙于建筑设计，往往忽略与大众对话和交流。杨永生先生就这样义无反顾地披挂上阵了。"

高级工程师庄伟明[3]先生在2002年初致本书作者杨永生先生的信中写道：

"……你做了一件总结性意义的工作，应该说是几十年来的第一本，是以前没有的，即使现在恐怕也很少会有人去编著这样的一本书……"

"一、总的感觉，此书最好再增加一些内容，增加代表人物的代表设计作品和评介，使代表人物资料更丰富、翔实，再结合当时的社会条件加以评述，是十分有意义的事。

二、……然而对有相当影响的较为著名人士最好不要遗漏,并希望再版时补充,如上海同济执教的吴景祥先生……另一个为方鉴泉先生。

四、对于书中第46页中的困惑、53页中有关刘致平先生的介绍、78页和109页中的一些评介,我觉得写得很好,只是希望写得更多些,更明朗化些,读者读后更有一吐为快之感。"

中国工程院院士程泰宁先生在致本书作者杨永生先生的信中说:

"这本书虽然篇幅不多,但却收集了很丰富的资料,尤其是第一代建筑师们的资料大多散佚(董大酉先生的资料虽兴师动众,但最后仍未找到,后来考虑时间也赶不及,就请他们不要再忙乎了)[4]。能收集到这样全(几乎是每一个人),钩沉索隐,花的功夫肯定不少。我也很欣赏对各代建筑师所处的环境以及从社会发展角度所作的成败得失的分析,读后很为感慨,从这个角度讲,已不仅仅是一部史书了。你又为中国建筑界做了一件好事!"

建筑学教授陈薇在她于2002年元月22日致本书作者杨永生先生的信中写道:

"学期临近结束,一片繁忙,昨晚近11点,才空闲下来。上床倚枕捧读该书(指《中国四代建筑师》——编者注),竟欲罢不能,直到读完后记,已是凌晨,仍全无倦意。我想,能让我如此入胜的书并不多。一是该书虽谈及人物,却打破以姓氏笔划或生辰年月的常规模式,呵成一气,上下人物存在关联,又栩栩如生;二是谈人的同时,又涉及那么多历史事件和背景,把人物放在了一个舞台上,又评说到位;三是对四代建筑师的勾勒,特别是对我们第四代的希望、提携及一针见血地提出不足,给我以莫大的感动和鞭策;四是语言之简练,剪裁之准确，用词之精到等。一本书有那么多的好，怎能不爱不释手？"

《建筑创作》杂志主编金磊在2002年3月4日《中国建设报》上发表"对中国建筑学人的展示——简评杨永生的《中国四代建筑师》"一文中写道：

"我发现在这仅仅21.3万字、146页的'小书'中，竟然将中国20世纪以来的建筑历史描述得如此清晰。小中见大，该书表现了精深的主题……我读罢该书，至少有四点感受，特作这篇笔记。

其一，该书是对20世纪中国建筑师发展的一个大胆总结……

其二，该书较为详尽地归纳分析了这四代建筑师的不同创作理念……

其三，建筑精品背后是优秀建筑师及设计理念……

其四，该书在其他意义上讲，在呼唤了中国20世纪建筑经典的同时，也预示了四代建筑设计学人的存在。"

以上只是摘抄了部分评介，恕我不再赘述，还是请各位读者自己去翻阅体会吧！

再版责任编辑　王莉慧
2010年3月

注释：

[1] 据杨永生先生回忆，在他阅读这篇书评之前，与蒋先生并不相识。

[2] 此文已收入由马国馨主编，由金磊、韩振平策划的《建筑中国六十年1949—2009·图书卷》，天津大学出版社2009年9月出版。

[3] 据杨永生先生谈，此前他与庄先生并不相识，至今也未曾谋面。

[4] 据杨永生先生回忆，此前曾函请程泰宁先生帮助搜集有关董大酉在杭州市建筑设计院工作期间的资料。

目 录

前言 ·· (8)

古代的回顾 ·· (9)

第一代建筑师 ······································· (13)

第二代建筑师 ······································· (49)

第三代建筑师 ······································· (77)

第四代建筑师 ······································· (107)

参考文献 ··· (143)

人名索引 ··· (144)

后记 ·· (146)

前 言

　　一般地说，都是按年龄段（比如相差20岁）来划分建筑师的代别。这里，我是根据中国几代建筑师成长的社会历史背景、教育背景以及年龄段来划分代别的。主要是因为近百年来中国社会一直处于战争、动荡、变革之中。

　　据此，我把中国建筑师(不含港、澳、台建筑师)划分为以下四代：

　　第一代中国建筑师是清末至辛亥革命（1911年）年间出生的。他们当中大部分于20世纪20年代末或30年代初登上建筑舞台。这一代建筑师全部都是留学外国学建筑学的，因为在20世纪初，中国还没开办建筑教育。

　　第二代中国建筑师是20世纪10年代~20年代出生且是解放前大学毕业的。出国留学的占少数。

　　第三代建筑师是20世纪30年代~40年代出生，且是解放后大学毕业的，他们成长的年代正是抗日战争（1937~1945年）和解放战争（1946~1949年）时期和解放后的50~60年代。

　　第四代建筑师出生于解放以后，成长于"文化大革命"时期，上大学恰逢改革开放年代。

　　现在三十多岁的建筑师也一并暂列第四代。

古代的回顾

在谈到 20 世纪的中国四代建筑师，不能不简要地回顾中国古代建筑。这里所说的中国古代建筑，下限止于 19 世纪末。

未有根本变化

在世界古代建筑诸体系中，以木构架建筑为主体的中国古代建筑体系独树一帜，独成一派。时至今日，这已被世人所公认。然而，在漫长的历史演进中，木构架建筑虽也有所变化（如斗栱），但从未发生过根本性的改变。正如林徽因所说："中国木构正统一贯享了三千多年的寿命，仍还健在。"木结构、构架原则、均衡对称、中轴线、平面布局等等都延续了下来。传统建筑中的木构架是用木材先搭成构架，然后再添加墙壁，也就是我们现在的框架结构原理。这种构架的最大特点是墙倒房不塌。此外，房屋建筑的三个基本要素——台基、梁柱及屋顶，始终未变。由若干个单体建筑集合而成为一进院落的布局特点，也始终未变化。

林徽因在《清式营造则例》一书绪论中谈到斗栱的演变时曾写道："(一)由大变小；(二)由简而繁；(三)由雄壮而纤巧；(四)由结构的而装饰的；(五)由真结构而成假刻的部分如昂部；(六)分布由疏朗而繁密。"

负面后果　　今天，我们还可以说，中国古代建筑千年一贯制，经历勃起、繁荣、衰落以至僵化的阶段，也带来了明显的负面后果。

其中之一便是大量砍伐木材盖房子，且屡废屡建，破坏了自然生态环境，因而也遗害了后代，到了近代几乎不可能持续发展。

中国封建社会制度几千年一贯制影响到社会生产力的发展，也影响到中国人民的创造力，阻滞了建筑的发展。

建筑论著甚少　　然而，对于中国古代建筑，在古代文献中虽有记载，但零零散散，谈不上系统的研究，缺少具体的阐述，更谈不上理论的升华。专门建筑图书只有《考工记》[1]、《鲁班经》[2]、《营造法式》[3]、《园冶》[4]、《工程做法则例》[5] 等。除《园冶》外，多属做法则例，即规范性的图书。我们的祖宗也给我们留下了画像砖、壁画、石刻、界画和《清明上河图》之类的美术作品。诚然，这些都是可资参考研究的形象留存，十分宝贵。在诗词歌赋中虽也有不少对建筑特别是对园林的描述，但都不可避免地具有文学夸张的意味，如五步一廊，十步一阁等等。即使是写建筑的篇章，写园林，写景观，也不作具体的描述，多是由此而引发对时政、对人生的感叹。比如唐代刘禹锡的名篇《陋室铭》对陋室没有着墨，而写出了"山不在高，有仙则名；水不在深，有龙则灵"的名句。中国古代文学家对建筑不屑一顾，而古代建筑名家特别是园林家却具有文人气质。唯一的例外是曹雪芹，他在《红楼梦》中不仅对建筑、园林有详尽的描述，对室内装修和陈设也有具体的描述。

哲匠录　　在浩瀚的历史文献中，没有一部建筑史，在二十四史中也找不到详尽记述建筑家的传记。20 世纪 30 年代，朱启钤[6]曾在《中国营造学社汇刊》[7]上连续发表了《哲匠录》，共录入有文字记载以来营造人物 200 余人。他录入的原则是"不论其人为圣为凡，为创为述，上而王侯将相，降而梓匠轮与舆，凡于工艺上曾著一事，传一艺，显一技，立一言，以其于人类文化有贡献，悉数蒐取，"可见其入选范围之广泛，从浩瀚的古代文献中搜集这200余人的生平事迹，真真不易，是研究中国古代建筑人物的宝贵文献。然而，由于文献于匠人均十分简要，这《哲匠录》也只能简而述之。

中国历朝历代重文轻工，科举考试从不测试科技知识。一直到20世纪初年，中国都没有完整意义的建筑师。有的只是工匠，他们掌握营造技术靠的是师徒相袭，口传心领，一切照师傅传授的去做。再加上几千年一贯制的重士轻工固习，影响了建筑技术的发展，同时也影响了创造力的发挥。工匠历来没有社会地位，有些工匠虽也对宫廷建筑做出了重大的贡献，但官位也只能做到工部侍郎（相当于今之建设部副部长），工部尚书（相当于今之建设部部长）大都由走仕途的官僚去担任。当然，也有例外，如隋朝的阎立德[8] 因功升为尚书。看来，外行领导内行，古今也是一贯的。明朝修建北京的蒯祥[9] 也只任命为左侍郎。现在，世界上许多人都知道北京有颐和园，承德有避暑山庄，但规划设计这些皇家园林的是何许人，恐怕大都不知道是雷氏家族的几代人，人称"样式雷"[10]。对于这些著名人物，我们知之甚少。

工匠无社会地位

宋李明仲先生像

李诫

李诫先生为郑州名族藏书满家年二十余以门荫官县尉有能名中年累鸠偘功仕途平进博学多能上邀睿赏颖敏过人述作繁富享年虽不可考约计四十六七父享大年与兄同在朝列夫人偕老子女咸备中华民国十九年三月二十一为先生八百二十周忌谨依相法追摹以志景仰

　　　　　　武进　陶洙
（摘自《中国营造学社汇刊》创刊号）

注释：

[1]《考工记》是春秋末期齐国的工艺官书，记述规划建设都城和官室的规范。

[2]《鲁班经》，午荣编，成书于明代。书中主要介绍建造房屋的工序、构架形式、家具的尺度和形式以及鲁班直尺的使用等。

[3]《营造法式》是北宋绍圣四年（1097年）主管营造事务的将作监李诫撰修，刊行于崇宁二年（1103年）。内容主要是关于建筑设计和施工的一些规范以及工料的预算规定。可参阅《梁思成全集》第七卷《营造法式注释》一书。

李诫（？～1110年），字明仲，今河南郑州人。北宋时期工部下属将作监来总管宫室、城郭、桥梁等营建，凡规划、设计、施工、预算及工程验收等业务均由将作监来负责统管。李诚自宋绍圣三年（1096年）入将作监任监丞至大观四年（1110年）卒于监任上，前后共14年任职于将作监。

我国管理建筑工程的官吏，战国称工师，秦称将作，汉称大匠，隋唐称将作监。

[4]《园冶》是世界上第一部关于造园学的专著，出版于明崇祯七年。

计成（1582～？），江苏吴江县人，字无否，又号否道人。自幼学画，工山水，兼工诗。中年以后为人造园叠山，由他主持建造的常州东第园、仪征寤园和扬州影园最为著名，遂成为著名造园家。在丰富造园实践的基础上，于明崇祯四年（1631年）著《园冶》一书。

[5]《工程做法则例》是清代雍正十二年（1734年）出版的官方制定的建筑设计规范及工料预算规划。

[6] 梁启雄（1900～1965），广东新会人，梁启超胞弟，古典文学家。在辅仁、燕京、北京等大学任教，1955年起任哲学研究所研究员。

[7]《中国营造学社汇刊》于1930年7月创刊，至1945年10月停刊。共出版七卷二十二期。

[8] 阎立德（？～656），唐代建筑工程专家、画家、服装设计专家，今陕西西安人，出身于工程世家，其父阎毗曾在隋朝任将作少监，主持修筑长城。唐太宗贞观初年阎立德任将作少匠，因建造翠微宫和玉华宫有功，升任工部尚书。此外，唐长安城郭及城楼，也是由他主持建造的。

[9] 蒯祥，江苏吴县人，生卒确切年代无考，约生于明洪武年间，卒于明成化年间，终年84岁。曾主持北京宫殿和明长陵，负责重建北京故宫前三殿、北海及中南海的宫殿等。

[10] "样式雷"是清代从事建筑设计的雷氏家族七代工匠的统称，始祖雷发达（1619～1693），江西永修县人。康熙初年参与修建清故宫，因在修建太和殿时技术高超被"敕封"为工部营造所长班，负责建皇宫。其后有六代子孙均在样式房任掌案，负责设计圆明园、颐和园、故宫、承德避暑山庄、清东陵、清西陵等清代重大皇家工程。

雷氏家族做建筑设计是以1/100或1/200的比例用草纸板经热压制作成模型，称"烫样"，留存烫样今藏于北京故宫。

第一代建筑师

中国古代没有完整意义的建筑师，修建设计房屋的都是文化程度不高甚至是没有文化的工匠。20世纪20年代以后虽曾有过建筑师事务所，但社会上一般都对建筑师的职责缺乏认识，大都把建筑师与土木工程师混为一谈。及至20世纪80年代政府才开始颁布建筑师的职称系列。

1949年9月，建筑学家梁思成在无可奈何的情况下，不得不写信给当时的北京市市长聂荣臻将军陈述建筑师的职责。他在信中说：

梁思成论述建筑师

"最重要的是我们必须将建筑师与土木工程师及承包施工的营造厂商的不同的任务区别清楚。这是一向为一般人所不甚明白的。……建筑师除了具备土木工程师所有的房屋结构知识外，在训练上他还受了四年乃至五年严格的课程，以解决人的生活需要为目的。他的任务在运用最小量的材料和地皮，以取得最适用，最合理，最大限度的有用空间，和最美观（就是朴实庄严，不是粉饰雕琢之意）的外表。建筑师是以取得最经济的用材和最高的使用效率，以及居住者在内中工作时的身心康健为目的的。近年来国际上对这种训练愈加重视，建筑师所注意努力的各点愈同土木工程师的范围分开，如室内的光线，音浪，空气，阳光，户外通行的秩序，树木道路同人的健康的密切关系。现代在建筑技术上各种科学的研究不一而足，这都是建筑师的专责。"[1]

我之所以在这里不厌其烦地引用梁思成这一大段关于建筑师职责的精辟论述，无非是希望建筑师朋友们阅读这段话并反思。

最早的建筑系

中国古代只有经史子集的教育，而没有科技知识教育，建筑教育更谈不上。我国最早办建筑教育始于1923年。那年9月，刘士能、柳士英、朱士圭（人称建筑界"三士"），在苏州工业专门学校创办了建筑学专业学科。1927年在南京第四中山大学(1928年改为中央大学)创办建筑系。此后，1928年梁思成与林徽因在沈阳东北大学创办建筑系。同年，北平大学艺术学院也建立了建筑系。

直到1952年全国院系调整后，设有建筑学专业的高等院校只有6所。及至1977年恢复高考后，也仅有8所。

最早的建筑课及最早的现代建筑专著

在高等学校里讲授建筑课最早的是农工商部所属高等实业学校，那是辛亥的前一年1910年。授课先生是张锳绪（1876～?），他是清末（1905年7月14日）殿试及第，进士出身，曾留学日本东京帝国大学，学的是机械专业，但他还"稍治建筑之学"。此外，由他编著的《建筑新法》一书也于1910年由商务印书馆出版发行。据目前所掌握的资料，这本书是我国运用现代科学技术原理写成的第一部建筑学专著。[2]

外国建筑教育

那末，外国办建筑教育的历史情况又是如何呢？这里，不妨作一简介。

意大利：14世纪中叶开办艺术设计学院，15世纪米兰学院设立建筑专业。

法国：1648年在巴黎皇家绘画建筑雕刻学院即后来的巴黎高等艺术学院设立建筑专业。

德国：1790年在柏林艺术科技学院开设建筑课，1799年在普鲁士设立建筑工程学院。

美国：1846年和1847年在波士顿大学和哈佛大学设立建筑系，1865年麻省理工学院设立建筑系。

日本：1886年在东京帝国大学设立建筑科，1911年早稻田大学开设建筑系。[3]

由此不难看出，在20世纪20年代以前我国既然连建筑教育都没办，哪里会有建筑师。

第一代建筑师人数不多

清末变法之后，一些先进人物深感欲富国强兵，必须选派青年人到国外去学习。于是，开始有许多人东渡日本或去西欧、美国留学。但那时，留学生中多学制造枪炮冶炼等学科。比如，宣统二年（1910年）第二次庚子赔款留学生共录取70名，其中只有第64名庄俊一人是学建筑工程的。据已知资料，出生于19世纪到国外学习建筑学并有所成就者也不过20多人，如贝季眉、庄俊、沈理源、关颂声、罗邦杰、巫振英、范文照、柳士英、朱士圭、刘福泰、吕彦直、虞炳烈、朱彬、刘敦桢、张光圻、赵深、鲍鼎、董大酉、杨锡镠、李祖鸿、卢树森等。此外，出生于19世纪留学日本，毕业于1907至1917年间的还有近20人，因缺乏资料，无法评介。他们大部分毕业于东京高等工业学校建筑科。其中有杨世煊、林绍楷、杨金钥、万保元等。虽非学习建筑学但有所成就者还有周惠南、张锳绪、孙支厦等。他们虽都不是建筑学专业科班出身，但对建筑事业都有相当贡献。而1900年至辛亥年间出生并留学国外专攻建筑学的也不过只有40人左右，其中著名的有李锦沛、林克明、黄家骅、刘既漂、梁思成、杨廷宝、陈植、奚福泉、夏昌世、龙庆忠、陈伯齐、谭垣、林徽因、卢毓骏、陆谦受、徐敬直、王华彬、李惠伯等。

此外，还有些曾在国外留学归国的建筑师，我们除了未掌握他们的业绩资料之外，甚至也不了解他们的生卒年月，如黄锡霖(伦敦大学)、李杨安(宾夕法尼亚大学)、黄辉伟(宾夕法尼亚大学)、陈均沛(明苏尼达大学及哥伦比亚大学)、刘宗侃(巴黎国立美术学院)、苏夏轩(比利时)、薛次莘(麻省理工学院)、林澍民(明苏尼达大学)、孙立己(伊利诺伊大学)、朱神康(密歇根大学)。

30年代崭露头角

由此，可以说，直到20世纪20年代中国才有自己的完整意义的建筑师，他们是我国第一代建筑师，并在30年代开始作为一股力量登上建筑设计和建筑教育的舞台。他们虽然人数不多，但在建筑设计领域与外国建筑师的竞争中已崭露头角。据我随意抽查，在1930年至1939年这十年间的100项建筑中，由外国建筑师设计的占43项，由中国建筑师设计的占42项，其余15项设计人不详。尽管如此，在上海外滩那么多高楼大厦之中，由中国建筑师主持设计的只有一座，那就是由陆谦受设计的中国银行总部大楼。非常有趣的是，合作单位香港巴马丹拿设计公司(公和洋行)的这座建筑主持人也是中国建筑师，叫范志恒[4]。

第一代都是留学生

这第一代中国建筑师留学归国后，仅对随机抽出其中30人分析，立即投入建筑设计的有17人，投入建筑教育的有13人。后来，由于各种原因，在建筑设计、建筑教育和建筑研究这三者之间不同时期，有所不同的转换或在从事建筑教育的同时还从事建筑设计或建筑研究的人也不在少数。

而随机抽出有所成就的30人当中，留学美国的占21人，留学德国的4人，留学法国的2人，留学日本的2人，留学意大利的1人。由此可以看出，美国各名牌大学建筑系，尤其是宾夕法尼亚大学，是中国第一代建筑师最大的摇篮（在留美21人中占9人），而他们回国后又有许多人创办或从事建筑教育。从而，我们可以说，中国第二代乃至第三代建筑师的培养都是承袭美国建筑教育的衣钵。研究中国建筑教育以及建筑师的特征，不能离开对美国20世纪20年代建筑教育的研究。

这些中国人真棒

我国第一代建筑师在国外留学期间刻苦攻读，品学兼优，成绩超群，一直传颂于建筑界。据陈植回忆，由于宾夕法尼亚大学的中国留学生从较早毕业的朱彬开始就有多人在学生设计竞赛中获奖，当时在美国学生中流传着两句话，一曰："这些中国人真棒！"（Damn clever these Chinese），二曰："这是中国小分队！"（The Chinese contingent!）。

1924年杨廷宝获艾默生奖竞赛（Emerson Prize Competition）一等奖，同年还荣获市政艺术协会奖竞赛（Municipal Art Society Prize Competition）一等奖。至于三等奖，当不只一次。

1927年童寯获亚瑟斯·布鲁克纪念奖（Anther Spayed Brooke Memorial Prize）二等奖，1928年又获该竞赛的一等奖。

1927年陈植获柯浦纪念设计竞赛（Walter Cope Memorial Prize Competition）一等奖。

1926年梁思成在柯浦纪念设计竞赛中获优等奖，1927年又获 Speed Brook Cold Medal 建筑奖。

下面我们对第一代建筑师中具有一定代表性的人物及其作品做些概要的介绍。

庄俊(1888~1990)是我国第一代建筑师中连续地从事建筑设计时间最长的一位建筑师。从1914年担任清华大学驻校建筑师到1958年离休，从事建筑设计长达40年。在工作了9年之后，于1923年再度赴美国哥伦比亚大学研究院进修建筑学。1924年回国后，辞去清华大学职务，于1925年创办庄俊建筑师事务所，直到1950年。

庄俊的建筑创作高潮时期是20世纪20~30年代，大部分是西方古典主义的银行建筑，除上海、汉口两座金城银行，济南、哈尔滨等地五座交通银行外，还有南京盐业银行和上海中南银行。其他作品比较著名的有上海大陆商场（今名东海大楼）。

庄俊

在庄俊建筑师生涯中有两点是值得我们铭记的。其一是太平洋战争爆发后，日本帝国主义侵占上海租界，庄俊坚持民族气节，为避免与日本人和汪伪当局打交道，放弃设计业务，在大同大学和沪江大学夜校授课。

其二是1927年，与其他一些建筑师共同发起成立中国建筑师学会，当选为首任会长。他们当时订有学会"诚约"，主要内容有：不与同行争夺业务，不准不合理地降低设计费，不得向任何方面收受额外费用等。事实表明，庄俊在四十多年的设计生涯中始终能够恪守学会的这些"诚约"。人们对他的职业道德至今赞颂不已。

上海金城银行办公大楼是庄俊设计并于1929年建成。

该楼采用新古典主义手法，横向五段竖向三段构图，入口处设陶立克柱，并有巴洛克花饰。外墙采用苏州石，内饰多采用意大利大理石装修。

上海金城银行大楼

吕彦直

吕彦直（1894～1929），字仲宜，又字古愚，山东东平县人。1894年生于天津。8岁丧父，次年随姐侨居法国巴黎数年，西欧文化无疑在他少年的心灵中留下了烙印。回到北平后入五城学堂，受教于著名翻译家林琴南，打下了良好的国学基础。1911年入清华学校，1913年入美国康奈尔大学，先学电学，以性不相近改学建筑。1918年毕业后曾参与南京金陵女子大学和北平燕京大学的规划设计。1921年回国后在上海先后开办过三家设计公司。其中建立于1921年的东南建筑工程公司(成员有过养默、黄锡霖)，曾设计过上海银行公会大楼、东南大学科学馆、南京最高法院。

1925年9月在有四十余位中外建筑师参加的南京中山陵设计方案竞赛中获首奖,并授权他负责设计中山陵。中山陵建成于1929年。1927年5月由他设计的广州中山纪念堂和纪念碑再度夺魁。

1930年孙中山陵园管委会决定建立吕彦直纪念碑,上部为吕彦直半身像(由捷克雕塑家高琪制作),下部为于右任写的碑文。可惜,此碑在抗日战争期间丢失,至今下落不明。吕彦直纪念碑是我国至今为建筑师树立的唯一的纪念碑。

吕彦直"平居寡好,劬学成疾,困于医药者四年,卒于1929年3月18日,以肝肠生癌,逝世年止三十六岁",终生未娶。

关于中山陵设计方案,1925年9月,当上海《申报》记者唐越石采访吕彦直时,他说,奠室设在祭堂之后,符合中国的传统;在设计中追求朴实,追求庄重,而不是华丽;造价不高。他认为,这些可能就是获首奖的主要原因。

中山陵选址于南京东郊紫金山中茅峰南麓。这里,林木茂密,山势雄伟。为什么选定在这里修建中山陵?1912年,孙中山辞去民国总统之后,有一天与友人登上紫金山时,他说过:"我他日辞世后,愿向国民乞此一抔土,以安置躯壳尔。"

在陵区总体布局上,吕彦直充分利用山势由山脚至顶峰,遵照传统陵区布局特征,统一南北上下中轴线,并依次设有牌坊、甬道、陵门、碑亭、祭堂和墓室,陵区总平面为钟形。但一反传统习惯,未设石象生。

从单体设计上看,虽然在造型上沿用了传统的帝王陵寝建筑的做法,但在结构上采用了钢筋混凝土,屋顶没有传统的黄色琉璃瓦而改用蓝色琉璃瓦,墙身也未用红色,而采用了花岗石。在室内装修上也突破了传统的框框,如祭堂的护壁及柱子均采用了黑色花岗石,烘托着孙中山白色大理石雕像,十分肃穆。

中山陵是用现代建筑材料和结构探索在新的历史条件下发扬中国传统建筑形式的成功之作。

中山陵全貌

中山陵刚落成时全景

中山纪念堂

在建筑创作中，既继承优秀传统，又有所创新，有所突破，吕彦直无疑是一位成功的建筑师，做出了具有历史意义的贡献。

刘敦桢

建筑学家刘敦桢(1897~1968)，字士能，湖南新宁人。1921年毕业于东京高等工业学校建筑科。1922年在上海与柳士英等人创办华海公司建筑部。1923年后，先后在苏州工业专科学校、东南大学及中央大学任教。1931~1943年在中国营造学社任文献部主任。1943年至1968年逝世，先后在中央大学、南京大学、南京工学院等任教授、系主任，工学院院长。1955年当选为中国科学院技术科学部学部委员。

刘敦桢是中国古代建筑史研究的奠基人之一，应当说，与梁思成齐名，曾有"南刘北梁"之说。他的足迹遍及河北、河南、山东、江苏、四川、云南等地，写了几十篇调查研究报告。刘先生是中国建筑界唯一读遍古代文献中有关建筑记述的学者。刘敦桢以治学严谨著称，建筑界人士都十分敬重他。

刘敦桢著作等身，曾主持编著《中国古代建筑史》，重要著作有《中国住宅概说》、《苏州古典园林》(日本、美国曾出版日文、英文版本)，还有四卷《刘敦桢文集》。

现在，中国古代建筑研究领域中的专家教授，如潘谷西、郭湖生等都是他亲手培育的弟子。

刘敦桢桃李满天下。

华盖三巨头：赵深、陈植、童寯

20世纪30年代，除了由关颂声创办的基泰工程司之外，上海华盖建筑师事务所是最为著名的建筑设计单位。赵深、陈植、童寯这三位华盖建筑事务所的巨头，除了他们个人的经历有所不同，解放后他们在不同的工作岗位上做出了不同的贡献之外，在20世纪30~40年代他们在华盖期间共事20年所做的建筑设计应当说是他们三位共同的成果。赵深逝世后，陈植与童寯见面时，两人曾商定凡是华盖的作品今后均应以华盖的名义。我在这里也只能据此加以简介。

在华盖存在的20年间，他们三位合作共设计了近百座建筑，其中有文化馆、图书馆、办公楼、银行、学校、住宅、旅馆、电影院、厂房等，详见《童寯文集》第二卷"华盖建筑师事务所作品集锦"。华盖的作品多以格调严谨、比例壮健、线条挺拔、手法简洁、色彩清淡而取胜。他们三人的共

简洁大方，平顶无檐，入口显突，墙以质感强烈的褐色面砖贴面。尺度把握准确，内部空间功能合理。

南京地质矿物博物馆

识是摒弃"大屋顶"，力求功能适用，造价合理，风格创新。

原南京国民政府外交部大楼是华盖的成功作品之一。对这座重要建筑，我以为增加1933年《中国建筑》杂志第一卷第一期上的一段文字介绍，对于我们或许有些启示。

"国民政府外交部新屋计划，始于民国二十年春，初议以六十万建造外交宾馆，二十万建造临时办公大楼。（外交部为行政区之一部，将来永久计划将在明故宫旧址）。嗣后为求紧缩起见，决定抛弃宾馆计划，并将办公大楼酌量扩展，以其一小部分作为迎宾之用，以合乎实用不求华丽为主要目的。故初拟图样不能适用。第二次设计对于方向又详加研究，因中山路偏南北向，若新屋正面朝西，冬夏两季均不相宜。始决定大楼正面朝鼓楼。在基地之中部辟大圆路，东西辟两门，使往来车马可以东西贯通。

房屋设计大致以南部大门为办公之用，北部大门为迎宾之用，办公部分有地屋一层，为储藏之用。第一层为总务司。第二层为部次长室合议参事秘书各处。三层南部为欧美国际两司，北部为亚洲司。四层北部为情报司，南部为档案条约委员会等室。

南京中山文化馆

上部嵌以琉璃砖的一座柱塔高高耸起,与其一侧的斜坡顶形成不对称的立面,气势不凡。

可惜毁于抗日战争。

南京国民政府外交部大楼

这座大楼在传统民族形式与新技术、新材料、新功能相结合上有所创新,平顶檐口用琉璃砖做斗栱,墙面用褐色面砖,底层用水泥粉刷成基座。此外,内墙和外墙及地板都采用空心砖。它对以后的设计发生了深远的影响。

部长官舍适在办公大楼之南,内设大厅餐厅书房,二层设房间四五间,为部长官邸或招待外宾均可合用。"

赵深(1898~1978)家境贫寒,自幼勤奋读书,1911年考入清华学堂,公费读了八年,因病推迟到1920年入宾夕法尼亚大学建筑系,仅用了两年半的时间即读完三年的课程,1922年获学士学位,1923年获硕士学位。于1926年与杨廷宝结伴到欧洲考察建筑后于1927年回到上海。回国后,设计的第一项工程即是著名的上海八仙桥青年会大楼。随后到范文照建筑事务所任职。

1930年与陈植合伙创办赵深陈植建筑师事务所,1931年冬童寯加入,随于1932年改称华盖建筑事务所,至1952年停止业务。解放后,赵深先后在北京工业建筑设计院与华东建筑设计院任总工程师、副院长兼总建筑师。刚解放时,从1950年到1952年,赵深还担任过联合建筑师工程师事务所主任,那是11位建筑师和3位工程师在上海联合成立的事务所。那两三年间,他们在上海、北京、新疆、石家庄等地设计过不少项目。

赵深

赵深一向不辞劳苦,勤于跑工地,他是一位勤快敦厚、谦虚朴实、精益求精的建筑师。

上海八仙桥青年会大楼

这座建筑是采用中国传统双重琉璃瓦顶屋及细部设计的第一栋10层高层现代建筑,但并未拘泥于传统。

陈植

说到陈植(1902～)，我们欣慰的是他今年已是百岁老人（99周岁），虽耳背，谈吐仍十分清晰，思维记忆都令人敬佩。

陈植出身于浙江名门，祖父陈豪星是清末著名画家，父亲陈汉第是杭州求是书院（今浙江大学）创办人之一，擅绘松竹，是故宫博物院委员。陈植自幼受到传统文化的良好教养。在他的一生中除了从事建筑设计外，还两次担任大学教授，一次是从美国学成回国后，应同学梁思成之邀在东北大学建筑系任教3个学期；再一次是1938年后在上海之江大学建筑系任教达6年之久。

1952年至1955年，担任华东建筑设计公司总工程师，1955年就任上海市规划管理局副局长兼总建筑师，1957年该局撤消，陈植始任上海民用建筑设计院院长兼总建筑师。

在解放后的几十年当中，虽然多年担任领导职务，还参加了上海中苏友好大厦工程，亲自设计了独具特色的鲁迅墓，并主持了闵行一条街、张庙一条街的设计，对苏丹友谊厅设计也给予指导。我们还应当公正地说，上海民用建筑设计院的许多建筑设计作品都凝聚着陈植的心血。

晚年，1986～1987年一年内，他在上海经常独自一人

由陈植、汪定曾等设计。

墓后以镌刻着毛泽东题字的宽阔的墓壁作背景，墓前设广场，两侧设花廊，廊下给瞻仰的人们提供一处沉思缅怀的场所。长眠于地下的鲁迅先生面向广场，面向群众。除墓壁用花岗石外，其他墙身均用毛石，体现刚毅庄严。规模虽不宏大，但却能震憾人们的心绪。

鲁迅墓

实地考察上海近代建筑多达80余处，提出上海近代建筑保护名单。最后，经市政府批准为一级保护单位多达59项。到了90年代，虽已耄耋之年，还在读书写信，有时提笔忘字，也绝不马虎，查字典不厌其烦，字句规整，即使是一个标点符号也精确无误。他关注着建筑界的事情，对建筑史志的编撰工作提出了精辟的修志准则。

陈植从一生的设计实践中总结出以下五条设计原则是值得我们晚辈认真学习深入研究的：继承民族传统的精华，突出地方固有的风貌，表现建筑性质的特征，反映技术先进的内容，显示时代前进的步伐。

童寯于1900年生于辽宁沈阳附近东台子村一个满族家庭里，隶正蓝旗纽祜禄氏，其父恩格于宣统二年（1911年）殿试二等十一名进士，钦点七品，曾任辽宁省教育厅长。

童寯1925年毕业于清华学校后留学美国宾夕法尼亚大学，1928年获硕士学位。在美国建筑设计事务所工作两年后，于1930年赴欧洲考察建筑后回到沈阳，任教于东北大学建筑系。1931年梁思成离开东北大学后，接任建筑系主任。"九一八事变"后入关，1932年开始与赵深、陈植在上海共同组建华盖建筑师事务所，童寯主持图房工作，直至1952年华盖解散，始终在南京、重庆、贵阳、昆明等地从事设计工作，其间1944～1948年还兼任中央大学建筑系教授。1952年后至1983年逝世，在南京工学院建筑系和建筑研究所任教授和副所长，并从事建筑理论研究。

童寯

除了建筑设计外，解放后几十年直至逝世，童寯主要从事建筑研究工作，硕果累累。

他是我国近代研究中国古典园林的学术奠基人，著有《江南园林志》，这是继明计成《园冶》一书之后第一部重要著作。还有用英文写的《东南园墅》专著，以及《中国园林对东西方的影响》等论文。

他是我国当代研究世界近现代建筑的开拓者之一，著有《近百年西方建筑史》、《日本近现代建筑》、《新建筑与流派》、《苏联建筑——兼述东欧建筑》、《建筑科技沿革》等。

他是我国研究建筑教育的第一位专家，著有《外国建筑教育》。

此外，关于中国建筑他也有许多精辟的论述，如《中国建筑的外来影响》、《中国建筑的特点》、《我国公共建筑外观的检讨》、《中国建筑艺术》等。

总之，童寯的著作几乎涉及建筑学的各个领域，可详见已出版的《童寯文集》第一、二卷，三、四卷将分别于2002年和2003年出版。

童寯的建筑设计立足于创新，注重功能，力求经济；童寯的研究工作，治学严谨，广证博引，立论精确，言简意赅；童寯的为人，道德高尚，与人为善。

童寯是我接触不多，但印象极深的一位长辈。他中等身材，面孔黑红，双目炯炯，谈吐严谨，待人彬彬有礼、诚恳，表情严肃，生活俭朴，晚年依然未改沈阳乡音。

我们可以毫不犹疑地说，童寯是一位德艺双馨的建筑大师、建筑学家。

董大酉

董大酉(1899～1973)是30年代在上海风云一时的著名建筑师。他1922年毕业于清华学校后于1924年毕业于美国明尼苏达大学，获建筑学学士，1925年获建筑学硕士学位。此后，于1927年又毕业于哥伦比亚大学美术考古研究院，学历不浅。1928年回国后先在庄俊建筑师事务所任职，后又与美国同学菲利普合办建筑师事务所。1930年自办建筑师事务所后，完成了大上海市市中心计划并承担当年上海市的三个重大项目的设计，即上海市政府新楼、上海市图书馆和上海市博物馆。这些建筑都是中国古典传统形式的现代建筑，都建有不同形式的大屋顶。然而，他也设计过非常现代的建筑，如1935年在上海建造的董大酉住宅。他一生中设计的项目不少于30项。1947年还担任过南京市都市计划委员会委员兼计划处处长。

解放后，从1951年到1963年12年间前后在西北、京津、杭州6家设计院担任过总工程师和顾问工程师，可谓调动频繁，从而，必然影响到发挥才华。在中国建筑学会，他曾担任理事会第一届(1953年)、第二届(1957年)和第三届(1961年)的常务理事。

他设计的工程还有：吴铁城住宅"望庐"、上海体育学院院部办公楼、江湾体育场等。

上海市博物馆

上海市立图书馆

梁思成和林徽因

然而,在谈到中国传统建筑时,任何时候我们都不能忽略建筑学家梁思成(1901~1972)及其夫人林徽因(1904~1955)的突出贡献。

这里,之所以把梁思成与林徽因并提,主要是因为梁思成的贡献当中无可争议的是有林徽因的一定的比份。至于这比份有多大,是无法用量化概念来说清楚的。现在,在建筑界圈内许多长辈,特别是与梁林二位共过事的一些老专家都知道,30年代在北平乃至40年代在大后方,梁先生凡是遇到一些重大的事情,都与林先生商议,而梁先生的许多文章非但大都征求林先生的意见,甚至由林先生亲笔修改。这一点,在梁先生的文章中已多次提及,大家可以查证确认。况且,林先生无论在文笔上、才华上乃至学识上都并不逊于梁先生。

他们二人都是名门子弟,家学渊博,少年时都接受过传统文化的熏陶,稍长又接受了西方先进文化,同时毕业于美国宾夕法尼亚大学。因此,可以说,他们都是当年中国知识阶层中学贯中西的佼佼者。而他们又同时都是帝国主义和封建社会双重压迫下接受了"五四"运动先进思想的激进分子。尽管那时他们没有投入革命者的队伍中,成为职业革命家,而是走上了治学之路。但是,他们都是炽热的爱国主义者,他们都具有强烈的反帝、反封建的思想。因而,梁思成终于在1959年光荣加入中国共产党,成为一名为共产主义奋斗的坚强战士。他对中国共产党的虔诚,对党的事业的追求,直到在"文革"中被批斗成疾,在临终前还表示对党、对祖国、对人民的无限热爱。人们在提及梁思成时,往往仅是注意到他的学术贡献而忽略他的政治思想品德;人们在提及梁思成在学术上的贡献时,往往又忽略林徽因一生与梁思成共同奋斗中的学术贡献。

他们二人从20年代在北平相识、恋爱并同去美国宾夕法尼亚大学留学,毕业后在加拿大结婚。此后,在他们的一生中几乎时时相伴,1928年共同创办东北大学建筑系,梁思成任系主任,林徽因任教于建筑系;1930年共同加入中国营造学社，开始时两人同为参校，后梁思成任法式部主任。1946年共同创办清华大学营建系，梁思成任系主任，林徽因任教授。

　　1955年梁思成当选为中国科学院技术科学部学部委员。

　　梁林二位都是中国最为著名的建筑学家、建筑学教授。但是，他们虽也做过一些建筑的规划和设计(如吉林大学)，严格地、准确地说，似无必要冠以著名建筑大师的称谓。

　　梁思成在中国古代建筑研究中的主要建树表现在从对实物的实地考察入手，总结匠人抄本和经验，用现代的科学方法测绘整理古代建筑遗产，通过对《清工部工程做法》以对照实物的办法加以研究并弄懂清代建筑，再上溯至辽、金以及唐宋建筑，终于破译了今人无法读懂的宋《营造法式》并撰写出《清式营造则例》和《营造法式注释》这两部永垂青史的著作，继而写出了《中国建筑史》和《图像中国建筑史》这两部史学著作。梁思成与林徽因一起在1937年发现了当时最古老的唐代遗构山西五台佛光寺。梁思成还是中国建筑教育事业的奠基人之一，是当代中国城市规划事业的推动者，是新中国建筑学术团体的创建者之一。

　　在梁思成上述贡献之中，林徽因在不同的领域中占有不同的份额。比如，国徽的设计和人民英雄纪念碑的设计，林徽因都做出了举足轻重的贡献，而《清式营造则例》的绪论则由林徽因撰写并署名发表。此外，林徽因还是30年代著名的诗人，这是人所共知的。虽然，她的文学成就在改革开放之前的几十年中被埋没，但在80年代之后，无论是大陆还是港台都出版了她的文学作品的不少版本。

　　林徽因早于1955年病逝北京，葬于北京八宝山革命公墓。我没见过她，写不出对她的印象。但是在2001年于人民大会堂河北厅举行的纪念梁思成诞辰一百周年暨《梁思成全集》首发式上，当我见到她的女儿梁再冰时，不由得联想到，如果她母亲林徽因活到70岁，或许就像梁再冰现在的神情。不信，请看这张照片。

左1-吴良镛(清华大学教授)，左2-梁再冰(新华社记者)，左3-杨永生(本书作者)，左4-林洙(梁思成夫人)，左5-于志公(建工出版社一室副主任)，左6-左川(清华大学建筑学院教授，党总支书记)

梁思成，我是有幸求教过的，他给我的印象是身材不高，瘦小精干，面孔清秀，戴一副近视镜，因病驼背，走起路来十分迅捷，伶俐健谈，绘声绘色，思维敏捷。

谈及中国第一代建筑师，谁也不能不提到设计过百余座建筑的建筑师杨廷宝。

杨廷宝

1901年，杨廷宝出生在河南南阳东南郊区赵营村一个大户人家。他出生那天，母亲去世，他的生日即是母亲的忌日，所以杨廷宝从不过生日。他年幼读私塾，写字画画都显现出天分，这或许是母系的遗传基因所致，他母亲姓米，是宋代大书法家米芾的后代。

1915年14岁考入清华学校读了7年，于1921年留学美国宾夕法尼亚大学，1924年初仅用了两年半时间就读完了四年的功课，并以优异的成绩获学士学位。在美国他的老师克瑞建筑事务所工作两年多之后，结伴赵深到欧洲考察建筑之后于1927年回到祖国，并加入基泰工程司。

从此，基泰的英文名称改为Kwan,Chu & Yang。据说，杨廷宝并未因此分得红利。直到解放前夕，关颂声去台湾之前才送给杨廷宝一块地皮盖私人住宅。杨廷宝在南京成贤街的这所私宅里一直住到病逝。

从1927年起直到1948年杨廷宝在基泰工作了21个年头，主持基泰的设计工作。虽然从1940年起在重庆兼任中央大学建筑系的教授，解放后又当专职教授，以及一些领导职务，但杨廷宝毕生都没有脱离图板。1955年当选为中国科学院技术科学部学部委员，1959年担任南京工学院副院长。

谈到杨廷宝担任行政职务，他是解放后第一位担任政府高级官员职务的建筑师，在1979年至1982年间曾任江苏省副省长。至于戴念慈当建设部副部长，倪天增担任上海市副市长，叶如棠担任建设部部长，那是80年代以后的事。记得，当年我问过杨廷宝，您还去省政府上班吗？他说，上什么班，连个办公桌都没有。这也许是当时工作上的需要。

杨廷宝在美国受的是欧洲古典建筑的教育，回国后通过修复北京天坛、城墙角楼等工程，在实践当中向工匠们学习，不耻下问，终于掌握了中国古代传统建筑技艺，并在后来设计过不少地道的中国古典传统形式的建筑，如南京原国民党中央党史史料陈列馆、南京原国民党中央研究院社会科学研究所等。虽然，杨廷宝对传统建筑设计的掌握达到炉火纯青的地步，但他并不止于仿古，而是不断地追求在现代建筑中使现代建筑技术和建筑材料与古代传统形式的完善结合上做了不懈的探索。比如，他设计的北京交通银行、南京中央医院、北京王府井百货大楼等。杨廷宝的设计作品也并未停留在探索民族形式这一条路上，还设计过不少具现代主义建筑风格的建筑，如北京和平宾馆、南京延晖馆等。

杨廷宝是一位全才的建筑师，既能设计古典形式的（包括中国古典和欧洲古典），又有现代主义韵味浓厚的设计，但无论哪种形式他都能得心应手，运用自如，在比例尺度的把握上和空间平面的布局上都十分严谨，挑不出毛病，特别是在细部处理上还有许多创意。杨廷宝给我们遗留下来的宝贵财富，还值得做深入的分析和研究。

国民党党史史料陈列馆

　　1936年建成，钢筋混凝土结构，重檐歇山顶，清代宫殿式建筑。外檐用斗栱、梁枋，并用彩画及棱花门窗。室内有天花藻井。30年代发扬"固有文化"口号下的产物。

南京原国民党中央研究院社会科学研究所

　　完全采用传统古典建筑设计手法，设有尺寸较大的抱厦，屋顶用蓝绿色琉璃瓦。平面为T字形，既有办公科研用房，又有书库和小型报告厅和会堂，符合当时的功能需求。

南京中央医院

　　钢筋混凝土梁柱楼板，砖承重外墙，饰以米色面砖，平顶，细部处理简洁，西洋构图，中式构件纹饰。设计细致入微，室内设门的墙角均处理成圆角。

北京和平宾馆渲染图

　　这座宾馆的设计集中体现杨廷宝建筑设计手法和素养的高超。在场地条件及投资都十分有限的条件下，总体布局、门厅设计、交通路线、公共活动空间等都十分精巧。另一重要特点是保留了四合院和几棵大树，为宾馆增色不少。这座现代主义作品曾遭批判，但受到周恩来的肯定。此后，他再没有设计这样的建筑，也许是避免再遭批判。

南京延晖馆

延晖馆即曾任国民政府行政院长孙科(孙中山之子)的住宅。环境幽深恬静。建筑造型简洁明快，平顶，横线条为主，阳面置大玻璃窗，平面适用，设半地下室。局部屋顶设水池，水位可自动调节，起到隔热作用。

由于工作关系，我同杨廷宝接触较多，他给我留下了深刻的印象。他身材高大，体魄健壮。1959年人民大会堂落成时，他已是花甲之年，兴奋异常，居然在大会堂东大厅当着众人的面拿起倒顶，用双手触地行走了几步，令众人拍手称快。他平时走路步伐大，走得快，常常笑容可掬，谈话慢条斯理，很讲求分寸，具忠厚长者风度，容易接近，待人和气。我曾多次同他共餐，发现他很少吃肉食，多以蔬菜佐餐，但水果是每天必吃的。

夏昌世(1903～1996)是一位未能充分发挥才华而人生道路又坎坷的建筑师。他1928年毕业于德国卡尔斯鲁厄工业大学建筑系，在德国一家建筑公司工作一段时间后又考入蒂宾根大学艺术史研究院，1932年获博士学位。同年回国后，先在铁道部、交通部任职，后又在国立艺专、中央大学、重庆大学及中山大学、华南理工学院任教授。"文革"当中，由于留学德国的经历以及他的妻子是德国人，横遭迫害，无奈于1973年举家移居德国，并于1996年客死德国弗赖堡市。

夏昌世

他在德国留学期间正是现代主义建筑蓬勃发展时期，当然受到现代建筑思潮的熏陶，而且在大学教书时一反巴黎美术学院的一套教学体系，注重实用、功能、简朴，提倡现代风格，特别是抗战期间，在重庆大学遭到从美国留学回来的一批教授的非议和歧视，以致于1943年不得不与一些同仁离开重庆大学去广州任教。这件事说明两种教学思想不能相融而影响了学术的发展。事隔几十年后，我们还可以判断（可能是不公正的缺席认定），当时同盟国（美英苏中法）与法西斯轴心国（德意日）在政治上、军事上的对立也影响到学术上。看来，在学术上实行百家争鸣并把政治与学术分开并非易事。[5]

第一代建筑师人物简介[6]

周惠南(1872～1934)，不是科班出身的建筑师，但在英国人开办的洋行里学到了房屋设计本领，并在20世纪初年在上海开办周惠南打样间，从事建筑设计。他主持设计过一品香旅社、黄金大戏院、天蟾舞台等。著名的上海大世界(建于1917年的那座)也是由他主持设计的。

贝寿同（1876～? ），字季眉，又字寿琼、季美，江苏吴县人。上海南洋大学毕业后，1910年官费留学德国柏林工业大学建筑系。1915年回国后任司法部技正。1930～1932年任中央大学建筑系教授。曾执教于苏州工专和北京大学。晚年在南京开咖啡店，很不得意。大约殁于1945年前后。

20世纪10～20年代我国的法院和监狱大都由他主持设计。北京大陆银行、欧美同学会是由他设计的。

贝寿同

孙支厦（1882~1975），1909年毕业于通州师范工科，受到实业家张謇提携，曾以清国专员身份考察日本帝国议院，长期在江苏南通从事设计工作。他的主要设计作品有南通跃龙桥、南通俱乐部、南通总商会大厦，编有《建筑图底汇存》。

沈理源（1890~1951），1914年毕业于意大利拿波里工业大学，攻读土木及水利工程。1915年回国后在京津从事建筑设计，1928年以后先后在北平大学、北京大学、天津工商学院等任教授、系主任。他的主要设计作品有北京东华门大街儿童剧场及清华大学电气馆、机械馆、杭州浙江兴业银行、天津浙江兴业银行等。

沈理源

关颂声（1892~1960），1917年毕业于美国麻省理工学院，后在哈佛大学攻读市政管理一年。1921年在天津创办基泰工程司，1949年后在台湾续办基泰工程司，并任台湾建筑师公会理事长。

他的主要设计作品有香港邵氏大楼、台湾人造纤维公司、台北综合运动场等。

他是基泰工程司的大老板。据闻，他与宋子文是哈佛大学的同学关系，所以能揽到设计任务。20年代曾在东亚运动会获接力赛第二名，是一位运动健将。酷爱体育运动，当年多次担当田径场上的裁判，并曾主持过台湾奥委会工作。

关颂声

罗邦杰（1892~1980），1926年毕业于美国明尼苏达大学建筑系，1930年任大陆银行建筑师，1935年创办罗邦杰建筑设计事务所，晚年在建筑科学研究院物理所任所长，主持建筑物理研究工作。他的主要设计作品有青岛、济南大陆银行、上海音专校舍等。

亚振英（1893~？），1921年毕业于美国哥伦比亚大学建筑系，回国后在上海创办事务所，并曾任上海市建设委员会建筑师、资源委员会技正等。他的主要设计作品有上海巨籁达路银行、麦特赫司脱路银行及大西路银行。

罗邦杰

范文照（1893~1979），1917年毕业于上海圣约翰大学，1922年毕业于美国宾夕法尼亚大学建筑系。1925年获南京中山陵设计竞赛二等奖，1930年获南京中山纪念塔设计竞赛首奖。1927年创办范文照建筑师事务所。长期从事建筑设计。1949年后去美国。他的主要设计作品有上海美琪、丽都等戏院、上海西区青年会等。1935年后，他提出"首先科学化而后美术化"的设计观点。[7]

范文照

柳士英（1893~1973），字飞雄，江苏苏州人。1907年入江南陆军学堂，1911年辛亥革命爆发，曾参加苏州光复革命活动，担任营长，二次革命失败后，逃亡日本。

1920年毕业于东京高等工业学校建筑科，1923~1927年在苏南工专任教，1934年后长期在湖南大学任教。曾任湖南工学院院长。1959年后任湖南大学副校长。他的主要设计作品有南京高等工业学校、苏州工专、上海大夏大学、湖南大学等。

柳士英

刘福泰（1893~?），1925年毕业于美国俄勒冈大学，获建筑硕士学位。1927年任中央大学建筑工程系主任，1946年创办北洋大学建筑系，1949年后任唐山工学院建筑系主任。

刘福泰曾在北京国立图书馆方案国际竞赛中获二等奖，获头奖的是美国建筑师墨菲，获三奖的是杨廷宝。

据张镈回忆，刘先生专业造诣很深，但在教学上不指点，不批评，不动手，是一位有修养的好好先生，和霭可亲，平易近人。

刘福泰

虞炳烈（1895~1945），1929年毕业于法国里昂建筑专科学校，1930年获法国国授建筑师，1931~1933年，在巴黎大学都市计划学院深造。1933年回国后先后在中央大学、复旦大学、中山大学任教授。他的主要设计作品有南京国民政府办公楼、国民大会堂等。

除了教学之外，在他短暂的一生中，设计过50余项工程。其中最为值得提及的是1921年巴黎大学在新区开辟大

虞炳烈

学城,提供地皮给各国为留学生建造宿舍。当时,在留法学生较多的国家中,唯有中国没有建造留学生宿舍。为此,虞炳烈曾精心设计中国留学生宿舍楼,共绘制了16张图纸,并四处求助建设资金。可惜投资无着落,设计也落空。

朱彬(1896~1971),1923年获美国宾夕法尼亚大学建筑硕士学位,回国后加入基泰工程司。1949年后先去香港,后去美国。他的设计作品不多,主要是北京大陆银行等。他是基泰老板之一,关颂声的妹夫,主管内业。

张光忻(1897~?),1920年毕业于美国哥伦比亚大学建筑系。1923年后在上海、沈阳、哈尔滨等地从事建筑设计工作,1949年后去香港、美国任教并从事设计。

鲍鼎

鲍鼎(1899~1979),1918年毕业于北京高等工业学校机械科。1932年获美国伊利诺伊大学建筑硕士学位。1933年后任中央大学建筑系教授,一度任主任。解放后任武汉市建设局长。主持制订《武汉区域规划实施方案》、《大武汉建设计划》。主要论文有《汉代建筑式样与装饰》、《唐宋塔之初步分析》以及《铁云藏龟》(6卷)、《窗齐集古录校勘记》(2卷)等。解放后,曾主持武汉市城市规划工作。

杨锡镠

杨锡镠(1899~1978),南洋大学土木工程科毕业后在上海从事设计工作,1930年创办杨锡镠建筑师事务所,曾任《中国建筑》杂志发行人,并主编《申报》建筑专刊。解放后虽曾任北京市建筑设计院总建筑师,但未见重大建树,值得研究。他的主要设计作品有上海特区法院、南京饭店、上海商学院、上海百乐门舞厅等。

李锦沛（1900~?），1900年生于纽约，1920年毕业于Partt Institute建筑系，1923年获纽约州立大学建筑师文凭。1927年自办建筑师事务所。曾任中国建筑师学会会长。1929年吕彦直逝世后继续完成中山陵及中山纪念堂工程，主要作品有中华基督教女青年会全国协会、毕业大厦、南京聚兴诚银行、新都大戏院、上海青年会馆（与范文照、赵深合作）、上海第八中学主楼等。

李锦沛

林克明（1900~1999），1926年毕业于法国里昂建筑工程学院，1930年，受聘为广州中山纪念堂建设工程顾问。1932年后，先后任襄勤大学和中山大学建筑系教授。解放后长期担任广州建筑设计领导工作，曾任广州市基本建设委员会副主任兼总工程师。他的主要设计作品有中山图书馆、广州市政府大楼、广东科技馆、羊城宾馆等。

他的主要论著有《城市规划概论》、《现代建筑思潮》、《建筑设计原理》、《对建筑现代化几点浅见》等。

林克明

黄家骅（1900~1972），1927年毕业于美国麻省理工学院，长期从事建筑教育和建筑设计。解放后任同济大学教授。

奚福泉（1902~1983），1926年毕业于德国德累斯顿工业大学，获特许工程师。1929年获德国柏林工业大学建筑博士学位。1931年在上海创办启明建筑公司。1935年组织公利工程公司。1953~1983年任上海轻工业设计院副总建筑师。他的主要设计作品有上海延安中路浦东大厦、上海虹桥疗养院、南京国立美术馆、中国国货银行、南京国民大会堂。解放后，设计许多造纸厂。其中主要有佳木斯造纸厂、南洋造纸厂、援阿尔尼亚造纸厂、援几内亚火柴卷烟厂等。

奚福泉

龙庆忠

龙庆忠(1903～1993)，江西永新人。原名龙昺吟，字非了，号文行。1925年官费留学日本，1927年预科毕业考入东京工业大学建筑科，1931年毕业后回国在沈阳南满铁路局任工程师，"九一八事变"后到上海商务印书馆任临时译员，1932年在河南省建设厅任技士，又在河南省政府技术室任技正、主任。"七七事变"后，先在江西吉安师范任教，在重庆第二兵工厂任营缮科长，后在重庆大学、中央大学和同济大学任教授。1946年后在中山大学建筑系任教授、系主任及工学院院长。解放后，继任中山大学工学院院长。1952年院系调整后任华南工学院建筑系教授。

1932年加入中国营造学社。1983年加入中国共产党。

他的主要设计作品有河南省各厅公署办公楼、省主席官邸及重庆第二兵工厂厂房等。著作主要有《开封之铁塔》、《中国建筑与中华民族》(论文集)、《论中国古建筑之系统及营建工程》等。

龙庆忠毕生从事建筑教育及古代建筑研究，他的力作多在80高龄以后。他创立了中国建筑防灾学，建立了我国第一个建筑防灾研究室。他建立了由防灾学、建筑、城镇、园林规划设计学以及建筑修缮保护学构成的学科体系。他还在《天道、地道、人道与建筑的关系》一文中提出中国建筑理论之"道"的观点。培养了近20名硕士、博士。

陈伯齐

陈伯齐（1903～1973），1939年毕业于德国柏林工业大学建筑系。1940年回国后创办重庆大学建筑系并任主任。此后又先后在中山大学、华南工学院任教授、系主任。他的主要设计作品有广州文化公园总体规划及展馆设计，武汉华中理工大学、中山医科大学及武汉水电学院总体规划以及华南理工大学总体规划及1号教学楼、化工楼设计等。

他主持和参加的工程设计达百余项。他对南方传统民居和亚热带地区的建筑理论和建筑设计作了不懈的研究并创建了亚热带建筑研究室。

谭垣（1903~1996），1929年毕业于宾夕法尼亚大学建筑系。回国后，曾任教于东北大学建筑系。1931年起兼任中央大学教授，1934年起任专职教授。抗战后兼重庆大学教授。解放后，一直担任同济大学教授。由他主持的上海人民英雄纪念碑、扬州烈士纪念园及聂耳纪念园均获方案设计竞赛一等奖。出版有《纪念性建筑》一书。

他对纪念建筑的研究取得了重大的成果。

谭垣

卢毓骏（1904~1975），1920年入法国巴黎国立公共工程大学，1925年在巴黎大学都市规划学院任研究员，1929年回国后在考试院任职。1961年在台湾创办文化大学建筑与都市计划系。他的主要设计作品有南京考试院、南京高等法院、台湾文化大学总体规划及建筑设计，台湾科技馆等。著作有《防空建筑工程学》、《新时代都市计划学》、《现代建筑》、《中国建筑史与营造法》等。

卢毓骏

陆谦受（1904~1992），1930年毕业于伦敦英国建筑学会建筑学院。1930年回国后任中国银行建筑科长。1949年曾组建五联建筑师事务所。后赴香港从事设计。他的主要设计作品有上海中国银行总行、苏州中国银行、南京金城银行等。

他的建筑观点是："我们以为，派别是无关重要的。一件成功的作品，第一，不能离开实用的需要；第二，不能离开时代的背景；第三不能离开美术的原理；第四，不能离开文化的精神。"

陆谦受

徐敬直（1906~？），1930年获美国密歇根大学建筑硕士学位后曾随沙里宁工作，1932年回国后于1933年创办兴业建筑事务所（与李惠伯、杨润钧合伙）。1949年后赴香港，曾任香港建筑师学会第一任会长。他的主要设计作品有南京中央农业实验所、南京中央博物院、上海实业部鱼市场等。1964年在香港出版《古今中国建筑》(Chinese Architecture Pastand Contemporary)。

徐敬直

王华彬

王华彬（1907~1988），美国宾夕法尼亚大学硕士。回国后长期担任上海沪江大学、之江大学教授，解放后，担任华东工业建筑设计院、北京工业建筑设计院总工程师。1956年主持全国居住建筑、办公楼整体标准设计，主持制订全国建筑标准模数制。参加编制汉字信息处理系统工程中的《汉语主题词表》。晚年他在中国建筑学会做了不少贡献。

单士元

单士元（1907~1998），又名单乾，北京人。1929年北京大学史学系毕业后考入该校研究所国学门，研究历史及金石学，是胡适之的学生。曾任北京有关大学教授，从1925年起加入清室善后委员会工作，长期在故宫博物院工作，曾任副院长、顾问。1931年加入中国营造学社，参加《营造法式》校订工作。1949年后曾担任建筑科学研究院历史室代主任。主要著作有《明代营造史料》、《中国古代建筑艺术成就论文集》等。

哈雄文

哈雄文（1907~1981），回族，武汉人。出身于官僚家庭，其父哈汉章曾任清末军咨副使及黎元洪总统府秘书长。1919~1927年在清华学校读书，1927~1928年在美国约翰霍普金斯大学经济系读书，1928~1932年在宾夕法尼亚大学建筑系读书。1933~1937年在上海董大酉建筑师事务所从事设计工作，其间1934~1937年兼任上海沪江大学建筑系主任。1937~1948年任国民政府内政部地政司技正、营建司司长。1948~1951年开办文华建筑事务所。解放后，先后任复旦大学、上海交大、同济大学、哈尔滨工业大学建筑系教授。1949~1951年曾任中国建筑师学会及上海建筑技师大会理事长。

哈雄文是建筑师又是市镇规划专家，20世纪50年代即已强调建筑设计的时代性和地域性，曾主持制订一些营建法规。

李惠伯（1909~？），1932年获美国密歇根大学建筑硕士学位。1933年与徐敬直、杨润钧合办兴业建筑师事务所。他的主要设计作品有南京中央博物馆、南京中央农事实验所、南京馥记大厦（与现清华大学教授汪坦合作）。与范文照合作设计的广东省府合署办公楼方案获竞赛首奖。1940年代在大后方，童寯、杨廷宝、陆谦受、李惠伯被称为建筑学界四大名旦。

李惠伯

中国建筑师学会1933年度年会与会人员全体合影（1933年中国建筑师学会于上海合影）

前排：左1-李惠伯，左2-王华彬，左3-巫振英，左4-丁宝训，右2-黄跃伟；

第二排：左1-范文照，左2-李锦沛，左3-陈植，左4-赵深，左5-董大酉，左6-庄俊，左7-陆谦受，左8-杨锡镠，右2-罗邦杰，右1-林澍民；

第三排：左1-薛次莘，左2-许瑞芳，左3-孙立己，左4-张至刚，左5-浦海，左6-徐敬直，右1-黄元吉，右2-杨润玉，右3-顾道生，右4-奚福泉；

第四排：左1-葛宏夭，左2-童寯，左3-杨廷宝，左4-应允昌。

说明：对前排右1和右3二人有两种辨认，有人认为右1是吴景奇，右3是张克斌，也有人认为右1是张克斌，右3是吴景奇。

上述业绩充分显示了第一代建筑师的才华,与当时国际先进水平相差不大。20世纪30年代沿海地区经济比较发达,第一代建筑师刚刚走上社会就遇到了这次投资高潮,他们是幸运的。充分施展才能,做出了许多优秀的设计,特别是在建筑现代化与民族化的结合上做了前无古人的、意义非凡的探索。可惜,好景不长,1937年爆发全面抗日战争,他们大都流亡大后方从事一些简易的房屋设计。紧接着,又是抗战后的三年解放战争,经济萧条,建筑师几乎没有工程可做。

第一代建筑师的困惑

解放后50年代,他们仍在设计工作第一线拼搏,出于对共产党的崇敬和对社会主义的憧憬,对党的领导和方针政策坚信不移,从而从思想到实践完全接受了苏联关于"社会主义内容、民族形式"的建筑创作方针,在建筑民族化方面做了许多探索。然而,50年代中期在反浪费运动中,以梁思成为代表的建筑学界遭到批判,矛头指向以"大屋顶"为表征的民族形式,纷纷检讨。批判的墨迹未干,又在国庆十周年的"十大工程"中再度强调民族形式。与此同时,跟随苏联还展开了另一条线的批判,即批判苏联十月革命后得以发展的构成主义和世界主义(即现代主义建筑)。结果,在30年代刚刚露头的现代建筑,50年代初以杨廷宝设计的和平宾馆为代表遭到批判后,中国的现代建筑也被扼杀掉。可以说,现代建筑在中国从未扎根,并未得到应有的发展。从而,使中国建筑师处于两难之间,处于迷惘之中,不知所措。

按说,在解放了的中国大地上完全有可能出现一批惊世的建筑作品。十月革命之后,苏联建筑师摆脱了沙俄时代的文化桎梏,构成主义建筑思潮又有了长足的发展。那末,摆脱了半封建半殖民地统治的中国建筑界凭借这第一代建筑师的才华和学贯中西的文化素养,以及他们强烈的爱国精神和敬业精神,在建筑设计和建筑理论上完全可能有重大的突破和建树。不幸的是,"一边倒"的方针扼杀了中国第一代建筑师的创造力。历史是无情的,那时也只能"一边倒",在美帝国主义的封锁包围之下,不"一边倒"又如何?当然,如果把政治、军事与学术严格区分开来，也许会好一些。

这第一代建筑师在"文革"当中，几乎都遭到批斗，开始是游街示众，继之进"牛棚"，后又进了"五七干校"，身心受到摧残，长达10年之久。"文革"过后，他们先后不无遗憾地退出了历史舞台。

第一代建筑师的贡献

综上所述，我国第一代建筑师的历史功绩在于：

他们在建筑设计实践中不断地探索中国建筑现代化的道路，在发扬固有文化的氛围之下，他们设计过完全古典形式的现代建筑；他们设计过具有传统风貌的中国现代建筑；他们还设计过现代主义风格的建筑。

他们在建筑历史和建筑理论方面，做了前无古人的中国古代建筑文献的诠释工作；他们调查、测绘、发掘了一大批中国古代建筑和各地的民间建筑；他们对外国古代和近现代建筑做了开拓性的研究工作；他们提出了自己的建筑理论认识和观点。

他们创办了中国高等建筑教育事业，培养了第二代和第三代建筑师和历史理论队伍。

他们之所以取得上述成就，主要是因为：

一、他们是受"五四"运动的影响，具有强烈爱国精神的品学兼优之士；

二、他们是学贯中西的在中国四代建筑师中学力最为深厚的专业人才；

三、他们具有高度的敬业精神。

他们的历史功绩将永垂青史。

注释：

[1] 梁思成全集.第五卷.北京：中国建筑工业出版社，2001

[2] 赖德霖.近代哲匠录.中国建筑业年鉴.1994年卷.北京：中国建筑工业出版社，1995

[3] 童寯.建筑教育史.童寯文集.第二卷.北京：中国建筑工业出版社，2001

[4] 范志恒，1937年毕业于中央大学建筑系，曾在香港巴马丹拿建筑事务所任职，并参与设计上海中国银行总行、百老汇大厦、香港"第二代"中国银行，1952年由香港到武汉任中南建筑设计院总工程师，1957年被错划"右派分子"，60年代初病逝武汉。

[5] 请参见杨永生编.建筑百家回忆录.汪国瑜.怀念夏昌世老师.北京：中国建筑工业出版社，2000

[6] 为避免重复，前面述及的张镁绪、庄俊、吕彦直、刘敦桢、赵深、童寯、陈植、董大酉、梁思成、林徽因、杨廷宝、夏昌世等人，这里不再一一简介。

[7] 1932年曾出版著作《建筑师的认识》一书。蔡元培在为该书写的序言中写道："固见一般人士尚有不明建筑之性质与失选择建筑师之重要者，爰著《建筑师之认识》一书，条分缕析，罗罗清疏，须臾浏览之间，已得传访周咨之乐，启导社会，功不在小。都市之盛衰，视建筑物之多寡，建筑之良否，又全赖建筑师之计划。所以关心居住问题者，不可不阅此书。"

第二代建筑师

这里，我把20世纪初至20年代出生且是1949年以前大学毕业的建筑师，统统列为第二代建筑师。

这一代建筑师成长在20年代军阀混战时期，大学毕业以后恰恰又赶上日本侵华战争年代。他们虽然受过第一代建筑师在学校和工作岗位上的精心培育，但是由于动乱和战争，经济萧条，投资锐减，青年时代几乎没有什么大工程可做，失去了锻炼的机会。他们真正从事建筑事业，应当说，还是解放后的50~60年代。由于各方面条件所限，他们当中，留学国外的不多，绝大多数是国内各大学毕业的。 **命运多舛**

这一代建筑师在人数上大大超过了第一代。据统计，从1930年到1949年毕业于中央大学的建筑师共有175人。当年，中央大学是培养建筑师的大户。再加上上海圣约翰大学、天津工商学院、北平大学等院校毕业后从事建筑师工作的专业人员，估计有几百人。 **人数较多**

在旧中国那个年代，建筑学专业毕业的人有许多不能找到建筑师的工作，而为了糊口不得不去做别的事。那时，流行一句话——毕业即失业，也并非夸大。

解放后的难题　　因此，大体上说，解放前这第二代建筑师虽也做了一些工程，但规模都不大，而少数较大较重要的工程，按常规又都是由第一代建筑师主持，他们也只能在导师的指导下做些具体的设计工作。那时，这第二代都是大学毕业不久，刚刚开始工作，也只能如此。真正发挥才华做些像样的设计还是20世纪50~60年代。而那个年代又恰逢建筑创作方针摇摆不定，大家处于两难境地，无所适从。一方面，批"大屋顶"，在没有领导支持的条件下，不敢做民族形式；另一方面，又批现代主义建筑，也不敢做。于是，通行的是简化的民族形式和简易的建筑。即使是在这种困难的条件下，由于他们的建筑学根基都很扎实，文化素养也较高，所以也并非无所作为，他们在夹缝中还寻求了不太大的空间，完成了一些在建筑史上立住脚的一些工程。而那个时期又是被帝国主义封锁的年代，与世隔绝，滞后于世界先进水平。

"文革"灾难　　及至"文革"，这些第二代建筑师也大都被揪斗，挨批判，进"干校"，丧失了工作的机会。而在"文革"中把上述两个方面的批判又扩大为批判帝王将相（即传统的宫殿式建筑）和批判洋怪飞（洋者外国也，怪是稀奇古怪，飞为上海话阿飞，即流氓）。

　　"文革"中除了各地建的一些毛泽东思想纪念馆（万岁馆）、干打垒（土坯房）之外，也还建了一些交通建筑和体育建筑。那是民族符号加政治符号的年代。

　　"文革"以后的七八十年代，在援外工程中，做了一些值得称赞的设计，那是在国内无法干预的情况下设计的，可谓鞭长莫及。那些援外工程都显示了中国第二代建筑师的才华。

空间太小，时间太少　　这里，我们还可以算一笔空间和时间账。从1930年算起到改革开放的1980年为止，中国建筑师的创作空间和时间都很有限。这50年间，抗日战争8年，大部分国土沦丧；解放战争在大陆打了3年；经济恢复和抗美援朝用去了3年；

1958年大跃进之后又遇上经济困难时期3年，缺吃少穿；60年代中期刚刚吃饱肚皮又闹了10年"文革"。所有这些加在一起是50年中的27年，余下23年之中，属解放后的是14年。在这14年期间，各种政治运动和每周的政治学习至少用去4年时间。这样，真正用于建筑设计的时间最多不过10年的时间。由于战争和经济困难，投资必然有限，建筑师的创作机会自然就非常少。做建筑设计，不同于其他艺术创作，没有投资就无事可做，就等于下岗待业。

迟到的春天

改革开放以后，进入80年代，中国建筑师迎来了创作的春天，但是这些第二代建筑师，大都年过花甲，人至晚年，处于心有余而力不足的境界。在这种态势下，他们当中的大多数也不得不逐步退出历史舞台。

突出贡献

我国第二代建筑师这个群体，在十分困难的条件下，沿着第一代建筑师开辟的道路仍然是有所前进，有所奉献，有所突破，仰仗着社会主义制度的优越性做出了历史性的贡献。可以说，国庆十周年北京十大工程及一些援外工程是其集中体现。他们的另一重要贡献是在共产党大力发展高等教育事业的方针下，培养了人数众多的第三代建筑师。与此同时，在建筑历史与理论研究上也取得了不少成果。

在汲取优秀传统建筑文化遗产上，在造型、空间、色彩及材料的运用方面都在探索的道路上又前进了一步。他们也还设计了一些具有现代主义风格的建筑。

在建筑规模上，在建筑高度上都突破了前人的成就。这里，我想引用毛泽东与刘秀峰（时任建筑工程部部长）的一段对话来证实这个结论。

1956年3月20日在毛泽东听取刘秀峰汇报时，

毛泽东问："你们能不能建10层以上的楼房？"刘秀峰回答说："能。"

毛泽东又问："建20层以上的行不行？"刘秀峰犹豫了一下说："行。"

毛泽东又问:"能不能建筑容纳一万人的大礼堂?"刘秀峰说:"我们的设计能力和施工能力可以建万人大礼堂。"后来,在国庆十周年时,人民大会堂的设计模型是毛泽东亲自主持审定、亲自命名的。[1]

1958年毛泽东等中央领导人审查人民大会堂设计方案
左1-彭真,左2-毛泽东,左3-李富春,左4-万里,左5-周恩来

这第二代建筑师当中,长期从事建筑设计、建筑教育以及建筑史、建筑理论研究具有代表性的人物且又有突出成就的也不过几十人,例如,刘致平、张镈、张开济、徐中、张玉泉、华揽洪、汪定曾、莫伯治、徐尚志、冯纪忠、汪坦、赵冬日、佘畯南、林乐义、刘光华、汪国瑜、戴念慈、李光耀、朱畅中、严星华、沈玉麟、吴良镛、白德懋、龚德顺、傅义通、罗小未、周治良、曾坚、宋融等。

还有,虽非大学建筑学科班出身,但在实践中由于第一代建筑学家的精心培养,再加上个人的艰苦努力而成为学者专家的有陈明达、莫宗江、陈从周、罗哲文等。

这里,需要声明两点:一是没有列入上述名单的,不一定没有建树,只不过是挂一漏万;第二,既没有必要在这本小册子里列入这第二代几百人的名单,又没有这种可能。

下面也只能选取我以为具有代表性的几位人物，分别作些简要的介绍。

刘致平（1909～1995），辽宁铁岭人，1928年考入东北大学建筑系，1932年毕业于中央大学建筑系。1935～1946年在中国营造学社先后任法式助理、研究员。1946年至病逝先后在清华大学建筑系任教授、中国建筑科学研究院任研究员。

他的主要著作有《中国建筑类型及结构》、《中国居住建筑简史》、《中国伊斯兰建筑》、《中国建筑设计参考图集》（梁思成主编，刘致平编纂）、《广汉县志·建筑篇》。

刘致平

刘致平是一位硕果累累、耿直执着、宽厚谦虚的学者。他在大学读书时，即是高材生，深得梁思成喜爱。他的钢笔素描备受推崇，手下功夫很硬。抗战以后，他在民间建筑的调查研究上；解放后在伊斯兰建筑的调查研究方面都做出了开创性的贡献。如今，人们对刘致平先生的铮铮铁骨更有一番新的认识。据王世仁回忆："1957年'反右'后期，清华大学教师人人过关，个个检讨，大字报铺天盖地'揭发批判'，又组织实为围攻的'大辩论'，先生的主张自然成为批判的靶子。但是，平时宽厚谦恭、讷于言辞的先生，这时却表现得铮铮特立，不写一字检讨，不贴一张大字报，拒不参加辩论会，直到愤而辞职，失业达半年之久。据我所知，在风雨如磐的1958年，教授中敢为学术而出此举者，举世无二。只此一点，足以表现出先生的人格风范。"[2] 此外，关于刘致平的为人和执着的治学精神，我在《建筑百家轶事》一书中，写过几篇，这里不再赘述。

张镈（1911～1999），山东无棣人。1930年入东北大学建筑系，1934年毕业于中央大学建筑系，同年加入基泰工程司从事设计工作达17年，得杨廷宝真传。其间，1941至1944年主持测绘故宫，得360余张测绘图，1940至1946年间还兼任天津工商学院教授。1951年从香港回北京后长期在北京市建筑设计院任总建筑师。

张镈

他的建筑设计代表作有北京民族文化宫、民族饭店以及友谊宾馆、亚洲学生疗养院、新侨饭店等。

　　与他人合作设计的重大项目有北京人民大会堂，北京饭店东楼、西楼等。北京人民大会堂方案由赵冬日、沈其和张镈设计，设计总建筑师由张镈担任，建筑设计还有阮志大、姚丽生、田万新、刘开济、钱韵莲和黄晶；结构设计由朱兆雪、郁彦担任；设备设计由那景成担任；电气设计由王时熙担任。这些都勿庸置疑。

　　张镈一生设计、参与、辅导的建筑设计，达百余项，其中仅解放后的项目即达55项。

　　此外，张镈晚年还著有《我的建筑创作道路》一书，1994年由中国建筑工业出版社出版。

北京友谊宾馆

　　建成于1954年。建筑立面采用中国古典建筑形式与西方五段式古典构图原则相结合的折衷手法。主立面设有重檐歇山大屋顶，两翼设卷棚小亭，中间以花架连接。建成后在反浪费运动中曾被公开批判为浪费的典型。原设计时，为苏联专家招待所，故为庭院式建筑群组合。上图为其主楼。

北京人民大会堂

中部以庞大的礼堂为主体，两翼为宴会厅和办公楼。墙身采用高大的柱廊，檐口用琉璃镶嵌。万人礼堂顶棚采用穹窿顶，与边墙形成弧线，产生"水天一色"效果。从设计、施工、材料、装饰上看，都是一流的作品，尤其在比例尺度的推敲上更显示建筑师的高超手法。

北京民族文化宫

建成于1959年，中央高层塔楼覆以重檐方形攒尖琉璃瓦顶，呈蓝绿色，墙面为白色瓷砖，勒脚面以方整石，色彩明快，造型挺拔，至今在长安街上仍是鹤立鸡群。

张镈在运用中国和西方古典建筑手法上堪称高手，在比例尺度把握上，色彩运用上尤为精到，也十分善于算经济账。

经我邀他撰写并帮他编辑《我的建筑创作道路》一书时，多次往来书信并面议如何写该书。他给我的印象是，晚年身体发胖以致行动不便,坐下来后甚至站立起来都困难,手持拐杖。身材中等,面阔,戴一副近视镜,不苟谈笑。记忆力惊人,我曾问他,你在《我的建筑创作道路》一书中提及那么多数据,是否有笔记本或日记为据?他说,没有笔记,也没有日记,全凭脑子记忆。我觉得,他晚年生活够清苦的,家里甚至没有什么陈设,他家里的办公室内,一张书桌上放一张图板,旁边是待客的旧沙发,还有一张单人床。墙上悬挂着与周恩来和万里的合影。90年代中期迁入新居,有所改善,但也十分简陋,似与他的大师地位不相称。

张开济

张开济(1912~),杭州人,1935年毕业于中央大学建筑工程系。解放前先后在上海、南京、成都、重庆等地从事建筑设计工作。解放后,长期任北京市建筑设计院总建筑师。

主要作品有中国革命历史博物馆、钓鱼台国宾馆、三里河"四部一会"建筑群、北京天文馆等。

张开济著有《建筑一家言》一书,1992年中国建筑工业出版社出版。

北京中国革命历史博物馆

　　内院式的平面布局,主立面采用方形空廊为主题,两侧为两个高大的门墩。檐部仿传统木构形式。通过空廊与天安门广场相通,无论在体量上,还是虚实对比上,都与对面的人民大会堂,形成相呼应的关系。被认为是"中而新"的力作。

北京三里河"四部一会"建筑群之一角

"四部一会"建筑群 [国家计委大楼(中)] 原设计透视图

　　这一组建筑群包括中央四个部和国家计委的办公楼,建成于1955~1956年间,它是"民族形式、社会主义内容"口号下的产物,五座建筑都设计有不同形式的大屋顶,因正赶上批判"大屋顶"的反浪费运动,中间主体建筑的计委大楼大屋顶被削成平顶,从而,破坏了群体的整体性,留下永久的遗憾。不管怎样,这组建筑至今仍显示它的厚重、宏伟、气魄,不失为在新的历史条件下一座具合理功能的典型传统形式的办公建筑。

他在设计中主张从实用出发，反对铺张浪费和贪大求全，提倡注重住宅建筑设计，提出"低层高密度"观点，在大陆首先提倡无障碍设计，在维护古都风貌上提出"旧瓶可以装新酒"的主张，主张既要保护又要利用古建筑。

张开济年届九旬，思维依然敏捷，经常关心建筑界的一些大事，还在不时地发表文章阐述自己的观点。

他身材高大，戴一副近视镜，笑起来令人感到十分亲切。善幽默，妙语连珠，往往能用一两句成语或贴切的语句形容一件复杂的事物。他待人诚恳，推心置腹，直言不讳，深得界内和界外人士尊敬。

华揽洪

华揽洪，1912年出生于北京，其父华南圭是我国老一代土木工程专家，其母是法国人，他于1928年在北京汇文中学初中毕业后即赴法国求学。1936年在巴黎土木工程学院毕业后又考入法国国立美术大学建筑系。于1942年获法国国授建筑师文凭（D.P.L.G）。二战后，在法国马赛市开办建筑师事务所。1951年回国后担任北京市都市计划委员会总建筑师。1957年被错划为"右派分子"。可惜的是，从此他就被迫失去了做规划设计的机会，被剥夺了工作的权利。但他还做了一些力所能及的工作。除了编写《中法建筑词汇》之外，还骑自行车踏遍了北京东城和西城的胡同，调查北京四合院的植树绿化状况，并整理成册。1970年摘掉"右派分子"帽子，1979年彻底平反。1977年退休后，携夫人子女定居巴黎。

华揽洪是一位有学识、有观点、有能力的建筑师，他的主要设计作品有北京儿童医院、巴黎的一所兽医院、巴黎中国文化处。主要著作有：《新兴中小工业城市规划》、《重建中国》（法文版）等。

七八十年代，我与华揽洪有些接触，他给我留下的印象是：身材修长，面容清瘦，神态沉稳精干，谈吐思维严密，法文甚至比中文还好，待人诚恳热情，办事极为认真。据我所知，在他刚到法国定居时，经济上比较困难，但国内朋友在巴黎看他，都一律热情接待，陪同参观，请客吃饭，绝不怠慢。参观,坐不起出租车,就乘地铁;吃饭,吃不起西餐,就请吃面条。

北京儿童医院

1954年建成,由华揽洪、傅义通设计。医疗区采用院落围合规划手法,在建筑立面造型上虽然也能看出一些传统的手法,但总体上应当说是现代主义的建筑,十分简洁。最主要的是平面设计功能合理、适用,造价不高。它是50年代的优秀建筑。

巴黎郊区兽医院

这座兽医院建造于1939年,是当时法国极少数现代主义建筑之一。

莫伯治

莫伯治（1914～　），广东东莞人。1936年毕业于中山大学土木建筑系。曾任广州市规划局总建筑师。中国工程院院士。主要设计作品有广州泮溪酒家、矿泉别墅、白云宾馆、西汉南越王墓博物馆以及与佘畯南合作的白天鹅宾馆等。他的著作有《莫伯治集》。

夏昌世、陈伯齐、佘畯南、莫伯治等人一道对岭南建筑与园林做过深入的调查研究，并在设计实践中以现代主义手法，汲取岭南建筑与园林的精华。随着时代的进展，几十年来以不断创新的理念，为岭南建筑与园林的发展做出了日新月异的重大贡献，为世人所瞩目。

莫伯治是一位大器晚成的建筑师，据我不完全的统计，他的作品获得全国性的及市以上奖项共13项，其中9项是50岁以后设计的项目。基于他多年对传统建筑文化和岭南园林的刻苦钻研，并不断汲取当代世界各国的先进设计经验，晚年推陈出新，成果累累。

泮溪酒家

泮溪酒家1960年建成于广州市荔湾湖泮。它是一座使酒家与园林有机融和为一体的岭南韵味十足的建筑群体。将厅堂、别院以及厨房分割成院落布局，并以游廊相联系。交通路线便捷，建筑空间既分割又相互渗透。

与佘畯南等人合作设计,建成于1983年。合理地组织市内交通路线,利用珠江江面为对景,主楼为腰鼓形高层,饰以白色墙面。南北阳台由斜板组成,酷似重叠的白天鹅羽翼。室内富有民族特色的中庭,岭南庭园以及历史文化韵味的室内装修,都使这座现代主义手法的建筑具有鲜明的特色。

白天鹅宾馆

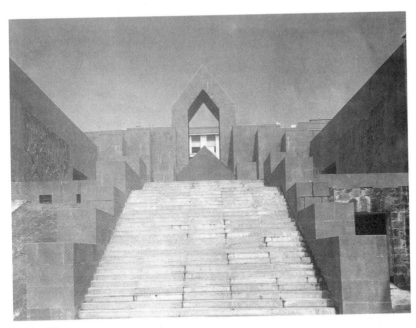

南越王墓

这是一座以现代主义手法设计的古墓博物馆,建成于1989年。充分利用具有坡度的地形,合理组织由下至上参观路线和展览空间,由天窗采光,墓室则用玻璃罩覆盖。造型既古朴典雅又具时代特色,传译了两千多年前的信码,满足了展览参观以及保存文物的需要。这建筑是由莫伯治主持,何镜堂等人参加设计的。

徐尚志

徐尚志（1915~   ），成都人，1939年毕业于重庆大学土木系建筑学专业，后任该校助教、讲师。1942年与戴念慈合办怡信工程司，从事建筑设计。1950年任重庆建筑公司设计部主任。1952年后长期在西南建筑设计院工作，曾任总建筑师。并曾任四川省人大常委会副主任。

1939年以来，曾主持设计60余项工程，其中主要有重庆宾馆、成都锦江饭店、肯尼亚莫尼国际体育中心等。主要著作有《中国建筑设计大师徐尚志》并主编《四川古建筑》、《四川民居》、《中国传统民居建筑》等。

徐尚志擅长古典诗词，多才多艺，是一位多产的德高望重的建筑师。应该说，西南建筑设计院出了那么多优秀的设计，出了那么多人才，与徐尚志是分不开的。

成都锦江饭店

此饭店建成于1961年。这座具有500套房间的大型饭店，与周围环境融为一体。在建筑风格上，采用传统与现代相结合的手法。采用钢筋混凝土框架与部分砖混结构相结合的结构。当年，令人耳目一新。

成都双流机场航站楼

1962年建成，它是一座中型航站楼。建筑主体采用框架结构，屋面采用薄壳，在细部设计上采用传统的符号，旅客交通路线明晰便捷。

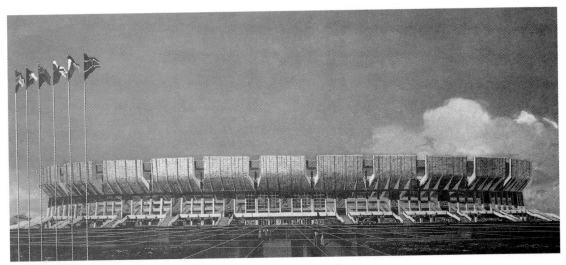

肯尼亚莫伊国际体育中心

由徐尚志主持，有黎佗芬等参加，于1981年开始设计，1986年竣工。

体育场外墙面采用混凝土凿毛装饰，休息厅和廊为敞开式，并设有嵌入式庭园。将可容6万座席的观众席划分为24个区，每区采用斜柱式悬挑看台，塑造成24朵花瓣式形象。各区间入口采用具非洲特色的假面具浮雕。在建筑风格上表现出东非艺术和非洲茅屋的特征。

林乐义

林乐义（1916~1988），福建南平人。1937年毕业于上海沪江大学。抗战胜利后，去美国佐治亚理工学院研究建筑学，并应聘为该学院建筑系特别讲师。1950年返回祖国后，先后任北京工业建筑设计院、建筑科学研究院、建设部建筑设计院总建筑师。

早年在桂林等地设计过桂林艺术馆、广西大学、南京储汇大楼等。解放后，曾主持设计中南海怀仁堂和紫光阁改建工程、北京首都剧场、中国驻波兰大使馆、北京电报大楼、北京国际饭店等工程。

由他主持编辑的《建筑设计资料集（一）》曾是建筑师常备的重要工具书。

北京电报大楼

建成于1958年。立面采用对称布置、三段式构图，通过凹凸变化、线条分割和窗户的艺术处理，使立面简洁而端庄，色彩明快，是一座现代主义成功之作。而其室内设计也简洁明快，尤其是大厅设计敞快，充分考虑功能，顾客一目了然。

林乐义一向刻苦钻研，出手不凡，对己严对人亦严，直言不讳。他平时喜穿米色服装，他设计的作品也多用米色。

北京国际饭店

这座圆弧形立面并以白色为主调，旋转餐厅为八角形的高层饭店在长安街上以其现代风格特别显眼。以圆和八角形为母题重复使用于立面、柱子乃至小品，从而达到整体的和谐统一。合作者是蒋钟钧。

戴念慈

戴念慈（1920~1991），江苏无锡人。1942年毕业于中央大学建筑学系后留校任两年助教，从1944年到1950年先后在重庆、上海从事设计工作。从1950年至1982年先后在中直修建处、北京工业建筑设计院、建筑科学研究院任室主任、主任工程师、总建筑师。1982~1986年任城乡建设部副部长。1986年后任建设部特邀顾问，从1983年到1991年连续两任中国建筑学会理事长。1991年当选为中国工程院院士。

他曾任《中国大百科全书》建筑·园林·城市规划卷编委会主任。

他的代表作有北京饭店西楼、中国美术馆、斯里兰卡班达拉奈克国际会议大厦、曲阜阙里宾舍等。

在他逝世九年后，方出版《当代建筑设计大师——戴念慈》一书。书中编入了他的建筑设计作品图片及他发表的文章。

中国美术馆

建成于1962年，既有民族传统风格的强烈表现，又没有抄袭之嫌。黄琉璃瓦的重檐屋顶，平屋顶的浅琉璃檐口，以及浅米色的陶制面砖贴面，再加上仔细推敲的尺度和细致的手法使这座建筑明快而又丰富多彩。

斯里兰卡班达拉奈克国际会议大厦

　　1964年由戴念慈设计，1970年底正式开工，1973年建成。

　　大厦为八角形，高28米，由48根雪花白大理石柱子围合外廊，柱头饰以金色花纹。采用斯里兰卡古建筑传统图案作装饰。大厦具热带建筑及地方民族特色。

阙里宾舍

　　宾舍设计于80年代初。为突出已有的孔庙和孔府，甘当配角，采取了小体量、小尺度、四合院的形式，内部装修具有浓厚的传统文化风格。

67

抗日战争刚刚结束，戴念慈即一鸣惊人。当时，上海市政府准备在外滩和延安东路交叉处建造"胜利门"，纪念抗战胜利并为此举办设计方案竞赛。戴念慈的方案与众不同，在马路两旁设计了一对振翅欲飞的大鹏雕塑，既象征中国腾飞，又避免"门"给交通造成不便。这方案获一等奖。

戴念慈早期作品深受赖特影响，50年代初有位老一代建筑师说："老戴一出手，赖特味十足"。解放后，把主要精力转向探索中国现代建筑民族化的问题上来，并做出了突出的贡献。即使是采用传统的民族形式，他也在不倦地追求创新，而他的作品又大都具有丰富的文化内涵。晚年，他还特别关注住宅设计。张开济对他的一生总的评价是"忠于建筑，忠于人民"。

"文革"后期，在国家建委新成立的包容设计和科研在内的所谓"新机构"里，戴念慈和我，曾一度编在一个党小组里。他给我留下的印象是很少讲话，老成持重，身材中等，清瘦，看起来身体不健壮，而双目却炯炯异常。1982年任命他担任副部长时，曾表示当副部长也不会脱离图板。事实表明，他是一位没有脱离建筑设计业务的副部长。

吴良镛

吴良镛（1922~ ），江苏南京人。1944年中央大学毕业后，于1948年获美国匡溪艺术学院建筑与城市设计硕士学位。长期担任清华大学建筑系教授及系主任。中国科学院院士、中国工程院院士。发表论文逾百篇，有《广义建筑学》、《人居环境科学导论》等6部著作。

吴良镛于1964年曾主持过首都长安街规划方案；1975年曾参加北京图书馆新馆"五老方案"（即杨廷宝、张镈、戴念慈、吴良镛、黄远强），此方案业已实现；主持孔子研究院规划与建筑设计。他主持规划设计的北京中央美术学院及附中新校园，于2001年已落成。

吴良镛主要从事城市规划、城市与建筑设计、建筑理论研究工作，从50年代开始曾参加过不少新兴工业城市的规划工作。

北京菊儿胡同

　　吴良镛设计的北京菊儿胡同住宅第一期改造工程完成于1990年。通过对北京城市肌理的分析和北京胡同——四合院系统模式内在逻辑性的研究,提出传统住宅区"可以更新"的观点并做类四合院的探索。此工程1992年获亚洲建筑师学会优秀建筑金奖和"世界人居奖"等多项奖。

　　吴良镛是中国第二代建筑师中著名的城市规划专家、建筑学家。他是当今中国建筑学界和城市规划学界的一位掌门人。

　　上面着重介绍的这些人物大都是建筑师,至于重点从事城市规划、建筑理论、建筑历史研究的人物也就不再一一介绍了。希望读者在下面简要的人物介绍中对第二代建筑师能有更多的了解。

第二代建筑师人物简介[3]

徐中

徐中（1912~1985），江苏常州人。1935年毕业于中央大学，1937年获美国伊利诺伊大学硕士学位。从1940年起长期担任中央大学、天津大学教授、系主任。兼做设计工作，主要作品有北京外贸部办公楼、天津大学教学楼等。

在创造中国建筑新风格方面做了许多有益的探索。徐中是一位善于启发学生创造性思维的教授，至今人们仍念念不忘这位恩师。

张玉泉

张玉泉（1912~　），女，四川荣县人。1934年毕业于中央大学建筑系。解放前在广州、广西、上海等地从事设计工作。解放后在一机部设计院主持设计许多机械工业厂房及有关建筑，如第二重型机械厂、北京第二通用机械厂等。

解放后数十年间她以全部精力投入机械工业建筑设计工作。

汪定曾

汪定曾（1913~　），湖南长沙人。1937年获美国伊利诺伊大学学士学位。1938年获硕士学位。解放后，历任上海民用建筑设计院副院长兼总建筑师、上海市规划局总建筑师。主要作品有上海体育馆、苏丹共和国友谊厅、上海宾馆、鲁迅纪念馆等。

他对上海市的规划设计作出了重要贡献。

陈明达

陈明达（1914~1997），湖南祁阳人。1932年加入中国营造学社，长期随同刘敦桢考察古建筑，测绘整理资料。1942年参加彭山崖墓发掘工作，1953年调国家文物局任工程师。1971~1987年在建研院历史所任研究员。主要著作有《应县木塔》、《营造法式土木作研究》、《中国古代木结构研究》等。

他是自学成才的古代建筑专家。

冯纪忠（1915～　），河南开封人。1936年肄业于上海圣约翰大学，1941年毕业于维也纳工科大学建筑系。1941～1945年在维也纳从事设计工作。1947年开始在同济大学任教授。主要设计作品有松江方塔园、昆明医院、武汉医学院附属医院等。《风景信息、时空转换及感知效应的测定》论文获国家自然科学基金奖。退休后定居美国。

冯纪忠是一位理论素养较高的建筑学教授。近年，还在研究屈原的《楚辞》。

冯纪忠

赵冬日（1916～　），辽宁彰武人。1941年毕业于日本早稻田大学建筑系。历任北京大学、东北大学建筑系教授、北京市规划局、建筑设计院总建筑师。主要作品有北京人民大会堂方案（与他人合作）、北京全国政协礼堂、北京同仁医院及天安门广场规划等。

赵冬日

汪坦（1916～2001），江苏苏州人。1941年毕业于中央大学后从事设计工作，1948～1949年师从美国建筑师赖特。1949年后先后任大连工学院和清华大学教授。多年研究现代西方建筑理论、建筑设计方法论、现代建筑美学及中国近代建筑。主编有《建筑理论译文丛书》12册，《中国近代建筑总览》16册等，并发表了几十篇学术论文。

汪坦对现代建筑理论有深入的研究，是一位建筑理论家，晚年牵头研究我国近代建筑，贡献重大。

汪坦

佘畯南（1916～1998），广东潮阳人。1941年毕业于交通大学唐山工学院建筑系。解放前在香港从事设计工作，1951年回广州。长期在广州市设计院任副院长、总建筑师。中国工程院院士。主要作品有广州友谊剧院、东方宾馆新楼、中山温泉宾馆、白天鹅宾馆（与莫伯治合作）以及我国驻西德等国大使馆等。

他在发掘和研究岭南建筑文化遗产方面有重大建树，设计了许多优秀建筑。

佘畯南

71

莫宗江

莫宗江（1916～1999），广东新会人。1931年底加入中国营造学社，随同梁思成到各地调查测绘古建筑。1946年后在清华大学任讲师、副教授、教授。他的主要论文有《宜宾旧州白塔宋墓》、《山西榆次永寿寺雨花宫》、《来源阁寺文殊院》等。

他是清华建筑系唯一没有专业学历的教授。他对王建墓、颐和园和中国城市史都有深入的研究。他有艺术天份，字好，画好，可惜完整的绘画作品不多。在清华深受师生崇敬。

陈从周

陈从周（1918～2000），杭州人。1942年毕业于之江大学文学系，开始在中学讲授语文、历史。1950年后在上海圣约翰大学和同济大学讲授中国建筑史，任同济大学教授。对苏州、扬州园林做过深入的考察和研究，了如指掌。他的主要著作有《说园》、《苏州园林》、《中国名园》等以及《徐志摩年谱》。

陈从周是一位著名的古代园林专家，著作甚丰，文笔堪称一流。他的园林著作得到国内外广泛认可。

刘光华

刘光华（1918～　　），南京人。1940年毕业于中央大学，1943～1946年先后在美国宾夕法尼亚大学、哥伦比亚大学留学，获硕士学位。1946年后长期担任中央大学、南京工学院教授。主要著作有英文版《北京：中国古典建筑集粹》（新加坡版）、《中国建筑》（英国版）。1983年后任美国博尔大学客席教授，现定居美国。

汪国瑜

汪国瑜（1919～　　）重庆人。1945年毕业于重庆大学建筑系。1947年开始执教于清华大学建筑系，任教授至今。曾参加国徽设计、中国美术馆、石家庄火车站等设计。1987年建成由他设计的黄山云谷山庄。对建筑绘画有深入的研究，并出版有《汪国瑜建筑画》等。

李光耀（1920～　），河北抚宁人。1943年毕业于哈尔滨工业大学建筑科。长期在哈尔滨从事规划、设计工作。主要作品有哈尔滨防洪纪念塔、工人文化宫、友谊宫以及哈尔滨大酒家等。至今共设计70余项工程。

他虽然在日本人办的哈尔滨工业大学毕业，但由于生活和工作在哈尔滨那种特殊的西方古典建筑氛围中，再加上与俄国建筑师共同工作的经历，使他熟练地掌握西方古典建筑的设计手法。

李光耀

朱畅中（1921～1998），杭州人。1945年毕业于重庆大学建筑系，1947年至清华大学任教。1957年获莫斯科建筑学院城市规划副博士学位。长期从事城市规划、风景园林的教学、科研和规划实践。1980年开始从事黄山风景区总体规划，取得开拓性成果。

1945年2月在中央大学读书时，曾在中国营造学社桂辛奖学金以"农场"为题的设计竞赛中获第一名，获奖金国币二千元。当时评委是童寯、李惠伯和梁思成。

朱畅中

严星华（1921～　），上海人。1945年毕业于中央大学，长期从事设计工作，先后在北京工业建筑设计院、中央彩电中心任主任建筑师、总建筑师。1984年创办北京中京建筑设计事务所。他的主要作品有全国农展馆、中央彩电中心、唐山铁道学院、北京城乡贸易中心、中国驻朝鲜大使馆、山东和江西广播电视中心、天津电视发射塔等。

严星华

沈玉麟（1921～　），上海市人。1943年毕业于之江大学，1948年获美国伊里诺伊大学建筑学硕士学位，1949年获该校城市规划硕士学位。1950年回国后先后在唐山铁道学院、天津大学建筑系任教授至今。主要著作有《外国城市建筑史》，参编的有《外国近现代建筑史》等，译著有《世界现代艺术史》、《建筑师的计算机方法》等。

沈玉麟

73

龚德顺

龚德顺（1923～　），北京人。1945年毕业于天津工商学院建筑工程系。长期在设计院工作，并曾任城乡建设部设计局局长。1982～1987年任中国建筑学会秘书长。教授级高级建筑师。主要设计作品有建工部办公楼、蒙古共和国百货大楼、乔巴山国际宾馆等。与他人合作撰写《中国现代建筑史纲》，编译《约翰·波特曼建筑设计与事业》等书。

他50年代初设计的建工部办公楼曾产生过广泛的影响。

白德懋

白德懋（1923～　），上海人。1945年毕业于上海圣约翰大学建筑工程系。解放后，长期在北京市从事城市规划和建筑设计工作，曾任北京市建筑设计院副总建筑师。教授级高级建筑师，主要作品有北京市一些街区的改造发展规划及一些居住小区的建筑规划。主要著作有《居住区规划与环境设计》及《恩济里——小区规划理论与实践》。

他在住宅小区规划设计方面是有贡献的专家。

罗哲文

罗哲文（1924～　），四川宜宾人。1940年考入中国营造学社，学习古代建筑并协助梁思成、刘敦桢调查测绘古建筑并整理资料。1946年至1950年在清华大学与中国营造学社合办的中国建筑研究所及建筑系从事理论研究和教学工作。1950年开始从事文物保护管理及研究工作，曾任中国文物研究所所长。曾参加全国各地重要文物建筑的维修方案审定工作。著作有《长城》、《中国古塔》、《中国佛寺》、《中国历代帝王陵》、《中国古园林》、《中国帝王园囿》等。

他对全国文物建筑了如指掌，目前在文物建筑保护维修鉴定方面是权威。

傅义通

傅义通（1924～　），湖北英山人。1948年毕业于北京大学建筑系。1949年到北京市建筑设计院工作至今。曾任副总建筑师。教授级高级建筑师。曾任工程主持人的主要设计项目有国家体育游泳馆、跳水馆、北京儿童医院、北京医学院等。曾主持编制《通用模数设计体系》并担任建筑设计规范标准审定委员会副主任。20世纪90年代在担任设计院专家设计咨询部主任期间，曾接受北京重大项目的初步设计、立项、前期设计任务评估等工作，如燕莎中心、东方广场、电视塔等。近年，又担任全国注册建筑师管委会和考试委员会委员并担任考试命题评分专家组长。

晚年，他对全国建筑设计立法管理工作做出了突出的贡献。

刘开济（1925~ ），天津人。1947年毕业于天津津沽大学建筑系。长期从事设计工作。曾主持中国人民大学图书馆教学楼、地质部图书馆、中国驻马里大使馆等工程，并参加设计摩洛哥体育馆、扎伊尔大会堂等。担任《建筑理论译丛》副主编。1996年任国际建协副理事，1990年当选为国际建协建筑评论委员。

他英语水平较高，在中国建筑学会国际活动中做出了重要贡献，1996年当选中国建筑学会副理事长。

刘开济

罗小未（1925~ ），女，上海人。1948年毕业于上海圣约翰大学，1951年起任教于圣约翰大学及同济大学至今。她是一位长期从事西方建筑史、建筑理论研究的教授。曾任上海市建筑学会理事长。主要著作有《近现代外国建筑史》、《外国建筑历史图说》、《现代建筑奠基人》、《上海建筑指南》、《上海弄堂》、《中国建筑的空间概念》等。

她在教学科研方面作出了突出的贡献，是一位对西方建筑理论和西方建筑史有深入研究的专家，备受人们尊敬。

罗小未

曾坚（1925~ ），江苏常熟人。1947年毕业于上海圣约翰大学。长期从事室内及家具设计。教授级高级建筑师。1952~1970年在北京工业建筑设计院任设计室主任，1970~1985年任中国建筑学会副秘书长，并在香港创办华森设计公司，任经理。

曾坚是我国家具设计和室内设计权威人士，并有许多优秀作品。

曾坚

周治良

周治良（1925～   ），安徽东至人。1949年毕业于津沽大学建筑系后，在北京市建筑设计院工作至今。曾任该院副院长，代总建筑师，现任顾问总建筑师、教授级高级建筑师。

1986～1990年任第11届亚运会工程总指挥部副总指挥、总建筑师，1991～1993年任2000年奥运会申办委工程规划组副组长、总建筑师，1991～1994年任第6届远东及南太平洋地区残疾人运动会工程规划部副部长、总建筑师。

他曾主持首都体育馆、摩洛哥拉巴特体育中心、十三陵水库风景区规划设计、密云水库库区规划设计、亚运会工程设计以及远东及南太平洋残疾人运动会工程的总体规划、体育场馆改造和运动员村新建工程的设计。曾组织指导昆仑饭店、国际展览中心等工程设计。

发表的主要论文有《亚运会比赛场馆规划设计构思》、《大型综合运动体育设施的苦干问题》、《我国建筑文化发展的新阶段》等。

他是一位体育场馆规划设计的权威。

宋融

宋融（1927～   ），重庆人。1948年毕业于重庆大学建筑系。解放后长期在北京市建筑设计院工作，曾任副总建筑师。教授级高级建筑师。

长期从事住宅设计研究工作，获多项成果及奖励，是我国从事住宅设计的专家。

注释:

[1] 中共党史人物传.第70卷第82页.北京：中央文献出版社.2000

[2] 王世仁建筑历史理论文集.第509页.北京：中国建筑工业出版社.2001

[3] 为避免重复，前面述及的刘致平、张镈、张开济、华揽洪、莫伯治、徐尚志、林乐义、戴念慈、吴良镛等，这里不再一一简介。

第三代建筑师

不幸与幸运

　　中国第三代建筑师是解放后大学毕业且大都是20世纪30～40年代出生的，现在也大都是超过退休年龄的老建筑师了。他们的青少年时期是在颠沛流离、民不聊生的战争年代中度过的，因此中小学的根基远不如第一代和第二代。幸运的是，在全国解放以后读上了大学，受到良好的德育和专业教育，在被革命浪潮冲洗过的社会环境中一心读书。那时，虽然消费水平很低，但比起战争环境下的苦难生活还是大有改善，起码是不愁吃，不愁穿，读大学全部是公费，免费上学，免费住宿。尽管在读大学的年代，在思想改造等运动中，也发生过一些令人回忆起来不甚愉快的事情，但总的说来，那一批青年学子都是快乐的青年，而且都憧憬着美好的社会主义的未来。他们读大学时的理想是在大规模的经济建设中为祖国奉献出自己的一切。

短暂的大学没有学位

　　不无遗憾的是，那时国家的经济建设刚刚起步，国民党统治的旧社会没有给准备足够的科技人才，老建筑师人数甚少，难于应付大量的设计任务，因而1949年和1950年入学的大学生，不得不接受政府的安排，提前毕业，在大学里只读了三年书。当然，人数不多。多数还是念完了四年制大学建筑系。那时，更谈不上研究生制度，虽然他们当中许多人今天已是博士生导师，但自己却什么也不"士"，既不是硕士，也不是博士。只有个别人是幸运的，沾了出身好的光，当然也是由于品学兼优，才被政府选作公费留学生，去苏联和东欧一些国家深造，并取得副博士和博士学位。

第一批博导　　我国直到1981年经国务院批准建筑学专业才开始设博士学位授予单位，当时全国共有清华大学、同济大学、南京工学院和华南工学院四家大学设建筑学博士点，指导教师仅五人，其中有吴良镛（城市规划与设计）、冯纪忠（城市规划与设计、建筑设计）、童寯(建筑历史与理论)、杨廷宝（建筑设计）、龙庆忠（建筑历史与理论）。

参考书少，出国少　　不能不提及的是，恰在他们奋力读书学习的年龄段却很少有专业书可读。由于帝国主义包围封锁，除能看到苏联的一些书刊外，其他国家的出版物几乎读不到。当然，这也直接影响到吸纳科技发达国家的经验。至于出国考察，那更是一种奢求，几乎完全没有机会。那时，即使偶尔有出国开会或考察的机会，也轮不到第三代这批青年建筑师，而是安排第一代和第二代著名建筑师。此外，即使出国，也只能到苏联或东欧国家，至于其他国家则几乎没啥机遇。

外语水平不高　　今天，我们还不能不感到遗憾的是，他们在中学时代没有条件静下心来攻读，尤其是中学的英语不如上两代人。解放后，又都改学俄语，且对外语教学也不像今天这么重视。结果是，英语没学好就丢下了，俄语也没能真正掌握。这批人的外语还远不如第四代。这必然影响到与外界的交流及直接汲取外国的理论与经验。

功底扎实　　尽管在如此封闭的环境里学习，但他们在前辈教师的谆谆教导下，功底很扎实，基本功也过硬。这应归功于那时的建筑教育。虽然受到苏联教学的影响，但追究"教脉"，不论是苏联还是美国的建筑教育，归根结蒂，都是法国巴黎美术学院的传承。

十年空白

这一代建筑师年纪稍长的，刚刚开始做设计不久就遇上"大跃进"和三年经济困难时期，紧接着就是十年"文革"，没有很多工程可做。即使是有幸做些工程，也免不了受各种政治经济因素制约。要么是一些简易的建筑，要么是不得不做一些带有政治符号和传统符号的设计，没能尽情地发挥自己的创作欲望。

黄金年代

这一代建筑师，就其群体来说，真正出成果，能够随心所欲地做设计（当然不能排除甲方和长官意志的约束），还是改革开放以后的80～90年代。这20年是第三代建筑师的黄金时代，出成果的年代。

超越前人

他们的成果数量不少，不仅在设计作品上（特别是在体现时代性和地域性方面）超越了前人，有不少精品问世，在史学、理论的研究领域也出了不少令人赞叹的成果。从整体上来说，由于社会经济条件不同，我国第三代建筑师的成就，事实求是地说，超越了第二代建筑师。这是理所当然，也合乎历史发展的规律。但由于他们前半生所处的社会经济条件的制约，虽然一生都很敬业，都很努力，在水平上也很难与当今世界先进水平相媲美。这也是不以人们的意志为转移的。当今，在重大工程上，一旦举办国际设计竞赛，往往国内建筑师的作品全军覆没，竞争不过人家。这是不可否认的事实，这是历史造成的，绝不是第三代建筑师不努力。承认这一事实，的确令人不快，但也只能面对现实，寻求突破。

纷纷出书

近几年，这一代建筑师，凡是有条件的，都在纷纷出版自己的作品集或是研究成果论文集，看来他们都在总结自己。在这一点上，超过了前两代人，这是合乎逻辑的。第一，他们的成果为数不少，特别是近一、二十年间的成果；第二，现在是一个好机遇，客观上社会给提供了许多有利的条件，既是社会发展的一种需要，也能得到舆论上的认同，还有出版界的支持。

力不从心　　同时，我们也应该意识到，这种现象也表明，在21世纪初年他们中间虽然仍还有少数人可以在事业上再拼搏一阵，但人之将老，也必然力不从心，很难再像前20年那样出成果。

历史责任　　因此，无庸讳言，这第三代建筑师还应尽快将第四代推向建筑界的前沿阵地，推向主流地位，尽快地把第四代扶植到建筑界的领衔地位，尽快地弥补第三、第四代建筑师之间由于"文革"而形成的断代现象。

对第三代建筑师，我们可以列出一长串名单，但不论这名单列多么长，也不可能全部包罗进来。因此，也只能采取挂一漏万的办法，列出如下在建筑设计方面具一定代表意义的人物：

尚廓、戴复东、钟训正、梅季魁、聂兰生、齐康、关肇邺、饶维纯、彭一刚、魏敦山、李宗泽、张耀曾、陈世民、费麟、程泰宁、张锦秋、蔡镇钰、左肖思、周庆琳、赖聚奎、卢济威、凌本立、黄星元、何镜堂、刘力、邢同和、布正伟、王小东、王天锡、马国馨、黄汉民、项秉仁。

而在建筑教育、建筑历史、建筑理论方面具有一定代表意义的人物有：张驭寰、潘谷西、陈志华、吴焕加、李道增、张钦楠、傅熹年、郭湖生、刘先觉、杨鸿勋、侯幼彬、王世仁、郑时龄等。

下面我们从中选取若干人作简要的介绍。

尚廓（1927～　　　），沈阳人。1957年毕业于天津大学建筑系，先后在中国建筑科学院历史所、桂林市建筑设计院、中国建筑技术研究院历史所以及北京市旅游建筑设计所等单位从事建筑史、民居研究及设计工作，为教授级高级建筑师。

他的主要建筑设计作品有桂林七星岩、芦笛岩、杉湖等风景区建筑，桂林榕湖饭店庭园式贵宾楼、北京团结湖公园园林建筑、哈尔滨太阳岛宾馆等。主要著作（包括与其他人合写的）有《桂林风景建筑》、《风景建筑设计》、《浙江民居》、《闽粤民居》等。

尚廓

芦笛岩半山接待室

芦笛岩水中芳莲榭

七星岩洞口碧虚阁

杉湖岛水榭

　　70年代，尚廓在桂林所做的风景园林规划设计成功地把民居移植到风景园林建筑设计上，创造出富有桂林地方特色的新型园林建筑，开了一代新风，对全国具有很大的影响和启迪意义。尚廓的建筑画也独具一格。因此，这里用了他的绘画，而未用照片。

钟训正（1929～　　），湖南武冈人。1952年毕业于南京大学建筑系，长期在南京工学院建筑系任教。现为东南大学教授。中国工程院院士。

主要建筑设计作品有北京火车站综合方案、无锡太湖饭店新楼、三亚金陵度假村、兰州甘肃画院、南京科技会堂、南京嘉年华、南京金山大厦等。主要著作有《脚印》、《建筑制图》（与孙钟阳、王文卿合编）、《建筑画——环境表现与技巧》、《国外建筑装修构造图集》等。

钟训正

钟训正与东南大学教授孙钟阳（已故）和王文卿三人合伙组成一个设计科研小组，名"正阳卿"。他们这个小组共同做出了不少贡献。

无锡太湖饭店新楼

　　这座新楼于1984年建成，设计合作者有孙钟阳和王文卿。
　　依山就势，通过体形与尺度的相应处理，与老建筑及环境相融合，客房及公共用房全部均可观景。外墙采用民居中立贴式装饰，给人以木构的尺度感，墙面为白粉墙，梁柱为栗壳色，采用灰瓦覆盖，显示江南民居质朴的性格。

钟训正体魄健壮，为人谦和忠厚，待人诚恳，做事求真。他的建筑钢笔画备受建筑界乃至美术界推崇，手头功夫很硬。他在设计中不断地在追求传统与创新的统一，建筑与环境的和谐，并有许多具相当个性的、在建筑史上占有不可动摇地位的建筑作品。

齐康

齐康（1931～　），南京人。1952年南京大学建筑系毕业后留校任教。曾在南京工学院任副院长，现任东南大学建筑研究所所长、教授。中国科学院院士。

主要建筑设计作品有南京梅园新村周恩来纪念馆、侵华日军南京大屠杀遇难同胞纪念馆、苏中七战七捷纪念馆、郑州河南博物馆等。主要著作有《纪念的凝思》、《意义、感觉、表现》、《建筑创作纪程——齐康建筑作品集》等。

大学毕业后除从事教学工作之外，主要从事城市规划和城市设计研究，近20年则主要从事纪念建筑设计，硕果累累。他中等身材，面庞黑红，满头银丝。给人印象老成持重，整日陷于沉思之中，是一位善于思考的建筑师。在纪念建筑设计中表现出超出一般的高超手法，蕴含着丰富的文化内涵和思想深度。齐康的钢笔画很出色，得到建筑界高度评价。

侵华日军南京大屠杀遇难同胞纪念馆

1985年建成。纪念馆通过大片寸草不生的卵石铺地庭院及半地下展览室、遗骨室以及长达50米的大型浮雕和13块石碑雕营造出悲惨悲愤的纪念氛围，颇具感染力。建筑物外墙用花岗石、内墙用大理石、围墙用青石。

关肇邺（1929~　），北京人。1952年毕业于清华大学建筑系后，留校任教至今。现为清华大学教授、中国工程院院士。

关肇邺长于作图书馆设计，他设计的图书馆还有北京大学图书馆新馆、重庆大学图书馆、海南大学图书馆、曲阜师范大学图书馆、云南大学图书馆、云南省图书馆、广东省科学院图书馆。此外，还有徐州博物馆等作品。

他关于建筑设计的"得体"观是一种朴实而又适合国情的设计理念，得到建筑界许多人的共识。他的作品也验证了这一理念。

关肇邺

清华大学图书馆新馆

这新馆与1919年和1931年建的图书馆连成一体。新馆设计以尊重历史、尊重环境为原则，强调得体，而不是豪华与新奇。在体量上、风格上与原有建筑相谐和，但又不无新意，体现出时代气息。建筑形象朴实庄重，空间布局严谨，具有浓重的文化氛围。

彭一刚

彭一刚（1932~ ），安徽合肥人。1953年毕业于天津大学建筑学专业。长期在天津大学建筑系任教。现为天津大学教授、建筑学院名誉院长。中国科学院院士。

他的主要建筑作品有山东平度公园、天津水上公园熊猫馆、天津大学建筑系馆、威海甲午海战纪念馆等。

主要著作有《建筑空间组合论》、《中国古典园林分析》、《传统村镇聚落景观分析》、《创意与表现》等。他的一些主要著作曾多次获全国性奖项。

彭一刚体魄健壮，谦和谆朴。他无论是做设计、教书还是做研究、画图，都十分细心，不断推敲，非达完美不肯罢休。他在设计中不断地探索民族形式的创新，注重环境，注重意蕴、文化内涵以及建筑个性的表现，出手不凡，追求完美。

甲午海战纪念馆

1995年建成于威海市刘公岛。建筑为二层，依地形相互叠错，并伸向海面。后院为一下沉式庭院，兼作室外陈列馆。据全封闭式功能要求及地形，观众先进入二层展厅，然后再沿直跑楼梯下至一层各展厅。在建筑入口处突出部位建有甲午海战英雄巨大雕像，在对岸威海市即可遥望此雕像。入口大门还拟有一艘残破倾覆的战舰形象。主要入口与码头相接，交通便捷。

魏敦山（1932～　　），浙江慈溪人。1955年毕业于同济大学建筑系，长期在上海市民用建筑设计院工作，任副总建筑师。现为上海现代建筑设计（集团）顾问总建筑师、教授级高级建筑师。

主要设计作品有上海第九人民医院、二医大教学楼、上海体育馆、上海跳水池、上海八万人体育场以及开罗国际会议中心、毛里塔尼亚国际会议中心、中国驻尼日利亚大使馆等。他以设计医院、体育场馆见长。

他是2001年新当选的中国工程院院士。

魏敦山

上海体育场

　　1997年建成，可容八万人。这是一座雄伟壮丽、造型新颖的大型体育场，受到国内外同行赞许。

傅熹年

傅熹年(1933~   )北京人。1956年毕业于清华大学建筑系，曾在建研院历史室从事建筑历史研究工作，现为中国建筑技术研究院历史所研究员，中国工程院院士。

曾参加北京近代建筑的调研工作，浙江及福建民居的调研工作以及《中国古代建筑史》的编写工作。他通过对中国古代建筑与规划设计方法的研究揭示出城市、建筑群以及单体建筑运用模数的规划设计方法并利用已掌握的模数规律对古代建筑遗址进行了复原研究。他的这些研究成果均已体现在他的著作中，如《傅熹年建筑史论文集》、《古建腾辉》(建筑画)、《三国两晋南北朝隋唐五代建筑史》、《中国古代城市规划建筑群布局及建筑设计方法研究》(2001年中国建筑工业出版社出版，共2卷，这是傅先生近年的一部重要学术著作)等。

他还从事我国古代书画史的研究，参加全国书画鉴定小组，鉴定全国公藏古代书画，出版专著《傅熹年书画鉴定集》，还主编了《中国美术全集·绘画编》中的《两宋绘画·上、下》和《元代绘画》共三卷。

他的祖父傅增湘先生是近代目录校勘学家和大藏书家。傅熹年整理他祖父遗稿，编成《藏园群书经眼录》、《藏园群书题记》、《藏园订补郘亭知见传本书目》及《藏园游记》等四书，均已出版。

他的父亲傅忠谟先生是现代古玉研究专家，他整理父亲遗稿，编成《古玉精英》和《古玉掇英》二部专著，也已出版。

他还担任国务院古籍整理出版规划小组组员、中国国家图书馆顾问、国家文物鉴定委员会常务委员、中国考古学会理事等社会职务。

由此，我们应该说，傅熹年是我国建筑学界一位多才多艺并在中国古代建筑、古代书画和古籍版本目录学等方面取得了丰硕成果的专家。

尽管取得了上述令人仰慕的学术成果，但一向为人谦和，从不摆架子。这也许是有教养的学者的普遍品格。

陈世民（1935～　　），四川雅安人。1954年毕业于重庆建工学院后长期在北京工业建筑设计院从事设计工作。1980～1985年受建设部派遣参与创办香港华森建筑与设计顾问公司，后又创办并担任香港华艺设计顾问有限公司总经理、总建筑师至2001年夏。1996年开始在深圳创办陈世民建筑师事务所，为教授级高级建筑师。

陈世民

他的主要作品有深圳南海酒店、深圳金融中心、深圳天安国际大厦、深圳赛格广场、北京中国建筑文化中心、重庆国际大厦等。近期还在深圳、重庆、北京等地设计了深业花园等大型住宅区。由他亲自主持的建筑设计达80多项，其中有近20个项目获市级以上奖励。主要著作有《时代·空间》。

陈世民的设计范围相当广泛，从酒店、火车站、居住区到高层乃至超高层商业金融建筑、办公建筑。他提出了环境、空间、文化与效益相统一的设计理念。近年，又提出住宅发展第五代的生态文化住宅设计观念。

华艺公司和他本人的设计事务所在深圳那样激烈的市场竞争条件下，得以生存和发展，并取得令人瞩目的成绩。在设计市场日益激烈的竞争条件下，我们应当提倡培育既善于做设计又善于经营管理的建筑师。

深圳南海酒店

建成于1986年，设计合作者有谢明星、熊承新和华夏。酒店依山面海，由五个矩形单元和四个锥形插入体组合而成，形成弧线造型。舒展的体量与山峦尺度相应，客房面向大海。主入口设在山与主楼之间，有意提高其标高，以使大堂、咖啡厅及餐厅面向大海，领略海景及香港风光。

程泰宁

程泰宁，1935年生于南京，1956年毕业于南京工学院建筑系，分配到国家建委建筑科学院，1958年后在建工部建筑科学研究院从事设计工作，1970年下放山西临汾地区设计室，1981年调到杭州市建筑设计院，1984年担任院长兼总建筑师、为教授级高级建筑师。

他的主要建筑设计作品有太原云山饭店、杭州黄龙饭店、友好饭店、加纳国家剧院、马里议会大厦、杭州铁路新客站、浙江联谊中心等。

主要著作有《当代中国建筑师程泰宁》、《程泰宁建筑作品选（1997～2000）》等。

程泰宁是一位善于思考且很用功的建筑师，他的建筑画尤其是水彩受到人们赞誉。他年青时已崭露头角，如1963年在全国征集古巴吉隆滩战斗胜利纪念碑方案时，他的方案被选为全国送选古巴的四个方案之一。他的经历可以说是第三代具有一定典型意义的经历。大量出成果是在80年代以后。他的"立足此时，立足此地，立足自己"的创作观，已得到建筑界广泛认同。

黄龙饭店

此饭店设计于1983年，建成于1986年，合作者是胡岩良和徐东平。为配合环境，将580间客房分解成三组六个单元，并在统一的柱网网格上加以组合。同时，通过单元间的"留白"与环境相融和并可借景。在建筑造型上采用攒尖顶、吊脚楼和马头墙并加以变形，在民族形式上有所创新。

张锦秋（1936～　），女，成都人。1960年毕业于清华大学后，于1966年又于该校建筑历史与理论研究生毕业。长期在西北建筑设计院任职，1987年始任总建筑师至今，教授级高级建筑师，中国工程院院士。

她的主要建筑设计作品有阿倍仲麻吕纪念碑、三唐工程（唐华宾馆、唐歌舞餐厅、唐艺术陈列馆）、陕西历史博物馆、西安钟鼓楼广场、陕西省图书馆等。主要著作有《从传统走向未来——一个建筑师的探索》。

张锦秋

陕西历史博物馆

1991年建成，主要合作人有王天星、安志峰。这一组庭院式博物馆充分表现我国盛唐的博大、蓬勃和实力，以娴熟的唐代建筑手法结合现代技术、材料使它具有鲜明的传统特征、地方特色和时代气息。其建筑布局手法是轴线对称，主从有序，中央殿堂、四隅崇楼，色彩上运用黑白灰统调。

张锦秋是我国当代对古代优秀建筑文化，尤其是唐代建筑文化具有深入研究并能在设计实践中加以发挥运用的女建筑师。她酷爱中国古典文学，在她的作品中常常能够向人们传达优秀传统文化的信息。她在不断地追寻传统与现代的有机融和。

蔡镇钰

蔡镇钰（1936～ ），江苏常熟人。1956年南京工学院建筑系毕业后于1959年留学莫斯科建筑学院，1963年获副博士学位。当年回国后长期在华东建筑设计院任职，1985年始任总建筑师。现任上海现代建筑设计（集团）资深总建筑师、教授级高级建筑师。

他的主要建筑设计作品有上海市国际卫星通信地面站、毛里塔尼亚国家体育馆、上海曲阳新村居住区、上海电信大楼、上海地铁一号线室内外环境设计、上海新世界商城等。

上海电信大楼

由蔡镇钰和许庸楚设计，1988年建成。此大楼为我国第一幢采用筒中筒结构的高层电信大楼，同时还是在上海首创地下三层采用地下连续墙及逆作法施工的高层。主楼由三面粗壮的辅助用房烘托，密柱外露形成垂直线条。主楼内部为跨度12米的灵活空间，以适应通信功能要求。

青少年时在常熟的特殊环境下受到传统文化的熏陶，大学毕业后又幸运地到苏联念副博士学位，直接接受欧洲传统文化。他酷爱中国古典诗词和俄罗斯文学。这些经历和爱好对他的设计当然不无影响。现在，他又在探索富有中国特色的生态建筑观。

布正伟（1939～　），湖北安陆人。1962年毕业于天津大学建筑系，1965年该校研究生毕业。1967～1980年在纺织设计院、湖北轻工局、中南设计院从事设计工作。1980～1989在中国民航机场设计院任副总建筑师。1989年后任中房集团建筑设计事务所总建筑师。1994年获教授级高级建筑师资格。

他的主要建筑设计作品有重庆白市驿机场航站楼、独一居酒家店面设计、烟台莱山机场航站楼、烟台美食城、山西电力局南戴河培训中心、东营市法院、东营市市政府等。

主要著作有《自在生成论——走出风格与流派的困惑》、《当代中国建筑师丛书——布正伟》等。

布正伟身高体壮，声音洪亮，是一位热情奔放、性格开朗、坦诚相见的建筑师。他的"自在生成论"自成体系，影响广泛。布正伟是一位在理论研究和建筑设计实践双向发展中有成就的建筑师。能做到这样双向发展的建筑师确实不多，也确非易事。

布正伟

烟台莱山机场航站楼

　　此航站楼设计于1990年，建成于1992年，合作者是于立方、孙荣。烟台这地名来源于1398年在临海北山建狼烟墩台。此航站楼具"狼烟墩台"隐喻意义的主筒体及其3个副筒体的组合构成其陆侧空间形体的个性。而向上翻卷四分之一的圆弧双重檐口在转折后的处理又富有雕塑感。

独一居酒家

　　此酒家门面改建设计于1984年，建成于1985年。它的抢眼之处在于用不怕火、不生虫的海带草作为主入口、两侧遮阳栅以及室内的主要材料。入口处两侧的三角形筒体使这浓重乡土情的门面增添了浓重的一笔现代品位。

何镜堂

何镜堂，1938年生于广东东莞，1961年毕业于华南工学院建筑系，1965年研究生毕业，从1965到1983年先后在华南工学院、湖北省建筑设计院和北京轻工部设计院从事设计工作。1983年至今在华南理工大学工作，现任该校建筑设计院院长、总建筑师、教授。中国工程院院士。

他的主要作品有华南理工大学逸夫科学馆、江门五邑大学、桂林博物馆、佛山国际金融培训中心、中国市长大厦等。他的专著有《当代中国建筑师何镜堂》。

近年，他与佘畯南、莫伯治合作，共同设计了西汉南越王墓博物馆、岭南画派纪念馆等重大工程。他是一位既勤奋好学又缜思的学者型建筑师。

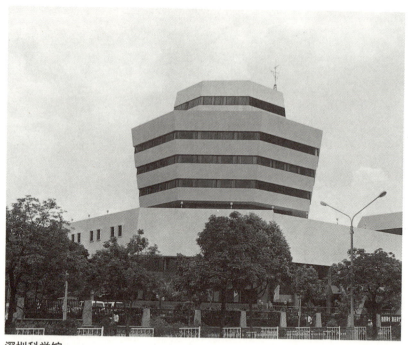

深圳科学馆

设计于1984年，建成于1987年。建筑造型简洁，以八角形为母题形成体形组合，富雕塑感，富现代感。整个建筑由白色和黄色构成，强调横线条，在阳光下形成强烈的光影对比和色调对比。

王小东（1939～　），1963年毕业于西安冶金建筑学院建筑系，长期在新疆建筑设计院任职，现任院长，教授级高级建筑师。

他的主要设计作品有新疆友谊宾馆三号楼、新疆昆仑宾馆新楼、库车龟兹宾馆、军垦宾馆、新疆博物馆新馆等。

改革开放以来，王小东、孙国城等新疆建筑师们，结合新疆地区浓烈的民族建筑特征，以及当地的自然条件，创作出一批具有鲜明地域特色的现代建筑，受到建筑界的称赞，对少数民族地区建筑创作具有重要的启迪意义。

王小东

库车龟兹宾馆

龟兹宾馆为王小东、李晓华设计，建成于1994年。在布局上吸取民居特色、院落式和中亚生土建筑高密度方式，满足了通风降温要求。在建筑造型、细部、色彩上将当地石窟特色及维族建筑特色相结合。它是一座地域性甚强的小型现代宾馆。

马国馨

马国馨（1942～　），山东济南人。1965年毕业于清华大学建筑系。现任北京市建筑设计院总建筑师。1991年获清华大学博士学位，中国工程院院士，教授级高级建筑师。

主要建筑作品有北京国际俱乐部、国家奥林匹克体育中心、首都国际机场航站楼等。

主要著作有《丹下健三》、《日本的后现代主义》等。

国家奥林匹克体育中心

建成于1990年，包括田径场、综合体育馆、游泳池、曲棍球场等。整个中心的半圆形平面是以一处半月形人工湖为中心，道路骨架是一条横贯大道和一个巨大的圆弧。游泳馆和综合馆采用70米高的钢筋混凝土塔筒和银灰色金属屋面，其造型为双坡曲面网架。通过变形处理或隐喻将传统构件和手法运用在这些具现代功能的巨大建筑上，从而传达出传统的韵味。

马国馨身材高大，给人以智慧精明的印象，英俊而朴素。涉猎知识面广泛，谦和恭谨，往往能在朗朗笑声中表达周密的思考。他在北京几项重大工程中表现出驾驭大型公共建筑的能力以及新的建筑观念和手法。应当说，这些都得益于北京市建筑设计院雄厚的整体实力以及在日本丹下健三都市建筑研究所的两年研修经历。

第三代建筑师人物简介

张驭寰（1926～　），吉林舒兰人。1951年毕业于东北大学建筑系，1956年后，前后在中科院土木建筑研究所，建研院历史所，中科院自然科学史研究所从事中国建筑史研究工作，任研究员。建筑设计作品达50余项，其中有30余项为仿古建筑。主要著作有《吉林民居》、《中国塔研究》等，由他主编并有众多专家教授参与撰稿的《中国古代建筑技术史》获中国优秀图书一等奖。

张驭寰

他用了几十年的精力研究古建筑，是古建筑专家。

周维权(1927～　），云南大理人，1951年毕业于清华大学，留校任教至今。他是长期从事园林、风景建筑的大学教授，主持普陀山风景区总体规划等，主要著作有《颐和园》、《中国名山景区》等。

他是我国研究风景园林设计的专家。

周维权

戴复东（1928～　），安徽无为人。1952年毕业于南京大学建筑系后即到同济大学任教至今。现为同济大学教授，建筑学院名誉院长，中国工程院院士。主要设计作品有武汉东湖梅岭工程，同济大学建筑学院院馆、荣城北斗山庄、绍兴震元堂大厦、北京民族园等40余项。主要著作有《国外机场航站楼》及论文70余篇。

戴复东

他在中国古典文学方面有深厚的功底，熟悉古典诗词，他把大部分精力用在建筑教育上，是名教授。他的设计作品往往具有独到之处。

潘谷西（1928～　），上海市南汇人。1951年毕业于南京大学后在南京工学院任教，现任东南大学教授，长期从事建筑设计及建筑历史教学，培养研究生20余名。主要作品有合肥包拯墓园、滁州琅琊山、连云港云台山风景区规划设计，南京夫子庙与静海寺重建设计、南京明孝陵与朝天宫修复规划设计等60余项。主要著作有《中国建筑史》第四卷

潘谷西

明时期建筑等及论文 40 余篇。

他是中国建筑史，中国古典园林方面的专家。

陈志华

陈志华（1929~　　），浙江宁波人。1952 年毕业于清华大学建筑系后留校任教至今，现为教授。长期讲授外国建筑史及建筑设计。近年开始研究乡土建筑。主要著作有《外国建筑史》、《外国造园艺术》、《楠溪江中游乡土建筑》、《新叶村乡土建筑》、《诸葛村乡土建筑》、《婺源县乡土建筑》、《北窗集》及《意大利古建筑散记》等。主要译著有《俄罗斯建筑史》、《风格与时代》、《走向新建筑》、《装饰就是罪恶》等。

他是西方建筑史专家，又是著名建筑评论家，还是建筑学界的多产"作家"。近年来，在乡土建筑调查研究方面取得开创性的成果，得到社会各界广泛赞誉。

吴焕加

吴焕加（1929~　　）江苏苏州人。1953 年清华大学建筑系毕业后留校任教，现任教授。50 年代从事城市规划教学，60 年代开始建筑历史与理论研究及教学。主要著作有《20世纪西方建筑史》、《论现代西方建筑》、《欧美建筑外观与环境空间》、《外国近现代建筑史》（合著）等。

他对西方建筑有深入的研究，是我国这方面的专家，还是一位建筑评论家，见解独到，且往往能得到广泛认同。

聂兰生

聂兰生（1930~　　），女，辽宁新民人。1954 年毕业于东北大学建筑系，除 1965~1979 年曾在设计单位从事工作外，长期在天津大学任教授。

她的主要建筑设计作品有焦作市第二中学，河北农业大学、广东红岭花园小区及宜兴高塍小区规划设计。参加全国中小型剧场设计竞赛获两项二等奖（未设一等奖）。

她为人谦和朴实，是一位有才华的女建筑师，只是因为在政治上受过不公正的待遇，青年时代多年间未能得到良好的机遇发挥才干，令人惋惜。

李道增（1930~　），上海人。1952年毕业于清华大学建筑系后留校任教至今，现为教授，中国工程院院士。50年代曾参与国家大剧院及解放军剧院的方案设计。曾主持天桥剧场翻建工程及东方艺术大厦剧场的设计。他的主要著作有《剧院设计手册》、《西方戏剧、剧院史》等。

他的"新制宜主义"设计哲学现已被建筑学界接受。他是我国剧院建筑专家。

李道增

梅季魁（1930~　），辽宁省盖县人。1956年毕业于哈尔滨工业大学土木系，1958年毕业于同济大学建筑系研究生班。从1958年至今在哈尔滨工业大学建筑学院任教，现为教授。其间1965~1975年支援西藏，在西藏工业建筑勘察设计院任工程师达10年之久。他的主要设计作品有北京石景山体育馆、朝阳体育馆、吉林冰球馆、哈尔滨速滑馆、哈尔滨大型室内嬉水建筑——梦幻乐园、哈尔滨工大邵逸夫体育馆等。

他是我国体育建筑专家。

梅季魁

张钦楠（1931~　），上海人。1951年毕业于美国麻省理工学院土木工程系，同年回国。先后在华东工业建筑设计院、建工部设计总局任工程师。1958年~1988年在西北建筑设计院、建设部设计局任职，曾任副院长、局长。1988年后曾任中国建筑学会秘书长、副理事长。

近20年来，除了行政工作外，还把主要精力用于研究建筑理论，翻译过不少建筑理论著作，写过不少有广泛影响的论文。近年，还策划并主持建立注册建筑师制度。他虽不是建筑系科班出身，但他对我国建筑学界做出了重要贡献。

张钦楠

郭湖生

郭湖生（1931～   ），浙江湖州人。1952年毕业于南京大学建筑系。1952～1957年在山东大学、西安建工学院任教，1957年调入南京工学院建筑系，开始从事中国古建筑研究教学工作。他的主要著作有《云贵两省少数民族居住状况调查报告》、《中华古都》、《中国古代建筑史》（部分篇章）、《中国古代建筑技术史》（副主编）及70余篇论文，如《我们为什么要研究东方建筑》、《中国传统建筑艺术特征》、《子城制度》等。

他是我国古建筑教授，治学严谨，探讨深入，尤其古汉语底蕴深厚，文笔在建筑学界属高手。近年，虽身体状况不佳，仍在不遗余力地带研究生，从事东方建筑研究工作，颇有成就。

刘先觉

刘先觉（1931～   ），安徽合肥人。1953年毕业于南京工学院建筑系，1956年于清华大学建筑系研究生毕业。现任东南大学教授。主要著作有《密斯·凡·德·罗》、《阿尔瓦·阿尔托》、《现代建筑理论》、《建筑艺术的语言》、《外国古代建筑史简编》、《建筑美学》（译著）、《建筑历史与理论研究文集》（主编）及60余篇论文。

他是我国建筑学界的"多面手"教授，既对中国古代建筑和园林有研究，又对西方建筑有研究，还是对中国近代建筑以及现代建筑理论有深入研究的专家。

杨鸿勋

杨鸿勋（1931～   ），河北蠡县人。1955年毕业于清华大学建筑系，曾先后在建研院历史所及中科院考古所从事古建筑及园林研究工作，现为研究员。他做过风景园林规划设计，主要著作有《建筑考古论文集》、《江南园林论》等。现任中国建筑学会建筑史学分会会长。

侯幼彬（1932~ ），福州市人。1954年毕业于清华大学建筑系后即分配至哈尔滨工业大学任教至今，现为教授。他长期从事中国建筑史及美学理论的研究教学工作。他的主要著作有《中国建筑美学》、《中国建筑简史》(合编)、《中国建筑史》(参编)等。

他踏踏实实做学问的学者风范感染着一代又一代青年学子，他对于建筑美学理论和建筑历史的研究取得了重要成果。

侯幼彬

李宗泽(1932~)，广东开平人。1953年毕业于中山大学建筑系。1953~1959年在哈尔滨军工学院任教并从事设计工作。1959调入北京市建筑设计院，曾任副所长，教授级高级建筑师。他曾设计过办公楼、酒店、医院、学校、住宅等百余项。其中主要有北京外贸中心(与美国SOM合作)、北京中日青年交流中心(与黑川纪章合作)、国家教委电化教育中心、北京"阳光风"住宅、北京青年宫等。

他的作品在体现时代特征、文化内涵方面取得了相当的突破。

李宗泽

王世仁(1934~)，山西太原人。1955年毕业于清华大学建筑系。毕业后即分配到建研院历史所从事中国建筑研究工作。"文革"十年下放到桂林市从事设计工作。1976~1981年在承德文物局从事古建筑修复设计工作。1980~1984年在中国社科院哲学所研究建筑美学。1984年后在北京市文物局任副总工程师、文物建筑保护设计所任所长兼总工程师。他的主要著作有《宣南鸿雪图志》、《王世仁建筑历史理论文集》，参加编著的有《中国古代建筑史》、《中国近代建筑简史》、《承德古建筑》、《建筑美学》等。此外，他还主持了不少文物建筑的修复设计工作，如承德避暑山庄金山景区、北京司马台长城、北京湖广会馆等。

他是我国对建筑史、文物建筑和建筑美学有相当深入研究的专家，做学问认真扎实，文笔堪称一流。

王世仁

张耀曾

张耀曾(1934～)，上海市人。1956年毕业于南京工学院建筑系，1959～1963年在莫斯科建筑学院读博士研究生，1963年获博士学位。1963～1979年在同济大学任教。1979～1996在上海华东建筑设计院从事设计工作，曾任副总建筑师，1996年后任上海现代建筑设计集团顾问总建筑师，为教授级高级建筑师。他的主要设计作品有上海龙柏饭店、上海世贸商城、上海友谊商城、上海园林宾馆等。

他在设计工作中，从方案到细部，到下工地都坚持精益求精，坚持不断创新，不模仿别人，也不重复自己。他的作品龙柏饭店(合作者凌本立等)在国内外均获好评。他主创的工程达50项，其中建成的达30项之多。他是一位兢兢业业而又不断有创新成果的建筑师。

费麟

费麟(1935～)，江苏吴县人。1959年清华大学建筑系毕业后留校任教。1970年至今在一机部设计总院从事设计工作，曾任设计院副院长、总建筑师，现为教授级高级建筑师。主要设计作品有北京翠微小区规划设计、北京新东安市场、北京中粮广场、北京远洋大厦等，主要著作有《建筑设计资料集》第二版第5、6集主编以及《工业建筑与人类工程学》等论文。

他是我国工业建筑设计权威人士。

饶维纯

饶维纯(1935～)，广东兴宁人。1958年华南工学院建筑系毕业后分配至云南省设计院工作至今，现任总建筑师、教授级高级建筑师。他的主要建筑设计作品有昆明国际贸易中心、毛里求斯普列桑斯机场航站楼、楚雄民族博物馆、泉州展览城、昆明大观电影院等。

他的众多作品得到好评。

左肖思(1936~   )，湖南湘乡人。1960年毕业于华南工学院建筑学专业，1960～1980年在煤炭部武汉设计院从事设计工作。1980年调入华南工学院建筑设计院工作。1984年到深圳设计公司、市建筑设计三院等单位从事设计工作，任经理、总建筑师等。1994年在深圳创办左肖思建筑事务所至今。现为教授级高级建筑师。他的主要设计作品有深圳艺术学校、老干部中心新楼、碧波花园、华侨城芳华苑居住区、八一大厦 、华安大厦、天祥大厦等。

左肖思

他是我国当代建筑师中最早敢于"吃螃蟹"的人——创办了改革开放后第一家私人建筑师事务所，而且在这七年当中凭借着设计实力和信誉、敬业精神在深圳激烈的竞争环境下取得了非凡的成绩。

周庆琳(1937~   )，黑龙江齐齐哈尔市人。1962年毕业于清华大学建筑系，长期在北京工业建筑设计院从事设计工作，其间两度在也门工作五年，担任中国建筑工程公司设计部经理，1986年以后曾任建设部建筑设计院副院长、总建筑师。1998年起担任国家大剧院业主委员会委员。现为教授级高级建筑师。他的主要建筑作品有巴基斯坦伊斯兰堡体育馆、塞拉利昂政府办公楼、中国驻也门大使馆、外交部办公楼、张家港市会议中心等，主编《国外建筑构造图集》。由他主持设计并建成的项目有10余项，经他指导、审核的项目达50余项。

周庆琳

在他担任建设部建筑设计院总建筑师期间，继承发扬该院的优良传统，出了不少设计精品，建设部建筑设计院依然是全国实力较强的设计院。

他在国家大剧院设计方案审订过程中，敢于实事求是，坚持原则，做出了自己的贡献。

赖聚奎

赖聚奎(1938~　)，福建明溪人。1961年在南京工学院建筑系毕业后，留校任教，曾任该校教授、建筑研究所副所长。现任东南大学建筑设计院深圳分院总建筑师。他的主要建筑设计作品有武夷山慢亭山房、武夷山庄、无锡佳福国贸中心、泉州东湖公园等。他做的室内设计有北京人大会堂福建厅、台湾厅、新闻中心、长乐国际机场候机楼等。

他善于将国情、地情、人情融于建筑创作之中，他的作品严谨细致，具有浓厚的文化内涵，不抄袭，不模仿。

卢济威

卢济威(1938~　)，浙江临海人。1960年毕业于南京工学院建筑系后在同济大学任教至今，曾任同济大学建筑系主任，现为教授、研究室主任。他的主要作品有未来文化乡土博物馆(获日本国际竞赛佳作奖)、长寿之家(获国际竞赛三等奖)、上海杨浦区社会福利院和上海教育会堂等。近年，重点研究城市设计，完成了10余项设计，包括上海静安寺地区城市设计。他的主要著作《大门建筑设计》及论文20余篇。

卢济威是一位对城市设计有深入研究并取得实践成果的建筑师。

凌本立

凌本立（1938~　），江苏常州人。1962年毕业于清华大学建筑系后一直在华东建筑设计院从事设计工作,1996年起任总建筑师。现为教授级高级建筑师。他的主要作品有漳州华侨宾馆、上海东方明珠电视塔、上海虹桥国际展览中心、福州国贸广场、上海市规划展示厅等。他还参加了上海商城，上海龙柏饭店、上海大剧院等设计。

他是一位硕果累累的建筑师，他的作品得到广泛好评。

黄星元

黄星元(1938~　)，辽宁省营口人。1963年清华大学建筑系毕业后即在当时的四机部十院（今电子工程设计院）从事设计工作至今，曾任该院总工程师兼总建筑师，为教授级高级建筑师。他的主要设计作品陕西显像管工程、上海永新彩色显像管工程、北京海淀体育馆和彩虹大酒店等。

他是我国工业建筑设计专家。

刘力（1939～　　）湖北武汉人。1963年在清华大学建筑系毕业后到北京市建筑设计院从事设计工作至今,现任副总建筑师。为教授级高级建筑师。他的主要设计作品有北京华威大厦、突尼斯之家、北京炎黄艺术馆、首都图书大厦以及北京恒基中心、西单西区商业街总体规划等。

刘力是一位对商业建筑有丰富实践经验的专家。

刘力

邢同和(1939～　　),1962年毕业于同济大学城规专业,同年进入上海市民用建筑设计院,曾任总建筑师。现任上海现代建筑设计集团总建筑师,教授级高级建筑师。他的主要设计作品有上海博物馆、外滩风景带、龙华烈士陵园、上海国际购物中心、华山医院等。1990年以来设计建成的10余项工程几乎全部被评为优秀作品。

他是20世纪90年代以来上海颇有名气的建筑师。

邢同和

王天锡（1940～　　),北京人。1963年毕业于清华大学建筑系。从事建筑设计30余年,开始在北京工业建筑设计院,曾创办设计事务所,担任过《建筑学报》编辑并在贝聿铭事务所工作过。现为教授级高级建筑师。他的主要设计作品有全国政协北戴河休养所、国家计委烟台干部培训中心、烟台图书创作中心、瓦努阿图会议大厦等。已出版有个人作品专著及《贝聿铭》等专著。

他是一位颇有创意的建筑师。他的建筑画出手不凡,才气灵气兼具。

王天锡

郑时龄（1940～　　),成都市人。1965年毕业于同济大学建筑系,1981年获硕士学位,1994年获博士学位,在意大利佛罗伦萨大学建筑学院任访问学者二年。1994年任同济大学教授,曾任同济大学建筑学院院长、同济大学副校长。他的主要设计作品有上海南浦大桥建筑设计、上海格致中学教学楼、朱屺瞻艺术馆、钱君陶艺术研究院等20余项。

他的主要著作有《建筑理性论——建筑的价值体系与符号体系》、《建筑批评学》、《黑川纪章》及译著《建筑学的理

郑时龄

论和历史》等。

他能熟练掌握英语、德语，是一位在教学、研究、设计等多方面颇有成就的建筑学教授。他是2001年新当选的中国科学院院士。

黄汉民

黄汉民（1943～   ），福州人。1967年毕业于清华大学建筑系。1982年获硕士学位。此后一直在福建省建筑设计院工作，现任院长兼总建筑师，教授级高级建筑师。他的主要设计作品有福州西湖"古堞斜阳"景点和福建省画院均获福建省优秀设计一等奖、建设部优秀设计三等奖、福建省图书馆（获福建省优秀设计一等奖）厦门国际金融中心、福建省保险公司大厦、福建会堂等。他的主要著作有《福建土楼》、《福建传统民居》、《客家土楼民居》、《老房子－福建民居》等。

他对福建民居做过广泛深入的调查研究，是福建民居专家。他的建筑设计作品饱含浓厚的地方韵味和文化内涵，且清新明快。

项秉仁

项秉仁（1944～   ），杭州人。1966年南京工学院建筑系毕业，1981年获硕士学位，1985年获博士学位。1989年赴美国，曾任大学访问教授，做过设计并获加州注册建筑师。1993年移居香港任贝斯建筑设计公司董事总经理，现任同济大学教授。他的主要设计作品有武汉东风情俱乐部、江苏邮电通讯大楼、湖南国际金融中心、上海龙柏院等。主要著作有《赖特》及译著《城市的印象》等。

他是我国建筑学领域中首批博士之一，是童寯的博士研究生，有较深厚的理论根基和丰富的设计实践经验，是一位扎扎实实并颇有创意的建筑师。

第四代建筑师

我国第四代建筑师是我们寄予重大希望的一代，希望他们不断学习积累，勇于创新，扎扎实实，为创作出 21 世纪中国新建筑而不遗余力，争取在不久的将来，冲出亚洲，走向世界，在世界建筑论坛上发出中华民族的最强音，使中国一批新建筑在世界建筑舞台上放出耀眼的光芒，让世界公认中国有几位世界一流的建筑师和若干一流的作品。

希望

我们相信，这不是一种美好的幻想，而是能够实现的渴望，尽管这种局面可能要经过多年的奋斗。我国社会经济、科学技术发展的大环境以及加入世贸组织后竞争的日益激烈，迫使中国第四代建筑师必须付出艰苦的努力和巨大的代价才能有立足之地，才能求得发展。所谓大环境就是社会经济发展会给建筑师施展才华提供更加广阔的创作空间。这些都是前几代建筑师所梦寐以求的历史机遇。

良好的大环境

第四代建筑师出生在解放后的新中国，毕业于"文革"以后重新兴起的大学建筑系。从人数上来说，肯定超过前三代之总和。例如，1957年设立土木工程系、建筑工程系、营建学系的大学共有 12 所，当年毕业生总共为 1997 人，其中建筑学专业毕业生占多少，没有确切的统计，但估计怎么也

人数众多

不会超过四分之一。1965 年设立上述各系的大学发展到 22 所，毕业生总共 4450 人，其中建筑学专业无论如何也不会超过 1000 人。而到了 1990 年设置建筑学专业的大学空前达到 52 所，当年建筑学招生 1841 人，毕业生 1520 人，在校生人数达到 7445 人。这样，综合起来，从 1977 年恢复高考以来，毕业于建筑学专业的人数当然大大超过"文革"前毕业人数之总和。

学历高　　若从学历上看，这第四代建筑师当中具有硕士、博士学位的也比前三代所有的硕士、博士加在一起还要多出许多倍。且他们当中还有许多已取得了"洋"硕士、"洋"博士学位。这无疑是改革开放的硕果。他们当中除了公费派出留学的以外，靠半工半读在国外拿到学位的也不在少数，值得夸奖。

成长环境　　这第四代建筑师年龄差别较大，部分年龄稍长的恰恰赶上中学是在"文革"中荒废的，上山下乡，误了学业，但他们有较为丰富的社会生活体验，他们是经过刻苦攻读补习功课才艰难地考取大学的，因而有相当的敬业精神。还有一部分是"文革"以后念中学、念大学的，有良好的读书环境，基础好，都是学习成绩优秀的学生。但大都缺少社会生活的锻炼，在"蜜罐里"泡大，又赶上市场经济浪潮的冲击，受到浮躁的社会条件的影响，在各方面都还不够成熟的年龄段即受到一些外来不良文化的影响，心态和敬业精神不可避免地受到一些负面影响。扎扎实实做学问，精心做设计的精神略显不如前几代建筑师。

除了第四代建筑师所处的上述社会经济条件之外，还不能不回顾近十年来建筑界的状况。

90 年代以来的困惑　　90 年代以来，建筑设计领域，大家都一致认同多元化，而不是用一种创作理念来支配和束缚所有建筑师的创作。但是，多元化的实践也提出我们不能不思考"主流元"的问题。事实上，在多元化口号之下，各个不同时期都有一股倾向性的潮流在涌动，在影响全局，乃至波及到主流走向不明。一个时期，强调发扬民族传统，于是东西南北中，大中小城市到处都盖了不少大屋顶、小亭子，以北京为最，以至没有采用传统符号的重大建筑设计方案，很难获准。在我们这个国家，从来都不能忽略首都效应，它的辐射能量甚强，往往能波及祖国各地。于是，在偏远的中小城市都能见到仿古大屋顶、小亭子上楼。

从大屋顶到欧陆风

近几年，大屋顶、小亭子日渐衰败。随之，又刮起一阵欧陆风，甚么西班牙式、英国乡土式、古希腊式，无奇不有，甚至将欧洲各个历史时期的各种形式拼于一体，也屡见不鲜。还有，从大城市到小市镇，从亚热带到东北边疆到处是大玻璃立面，到处是白色瓷砖贴面。从城市到村镇，到处扩占土地良田，房子越盖越大，越盖越高，以至不顾及城市规划的要求。人走在人行道上感到压抑，感到是渺小的人群在"伟大"的建筑阴影底下蠕动，哪里是以人为本？！似乎是以建筑为本，说到底是以房地产开发的利润为本。

对于这些怪现象，建筑界有识之士虽多有微辞，许多地方依然我行我素。鼓吹上述这些不良倾向的不是建筑师，而是那些有钱有权的业主。在建筑上从来都是有权有钱的业主处于支配地位，建筑师只能俯首贴耳，从命画图，谁同业主抗衡，谁就没饭碗。

片面追求形式

从而，在建筑设计领域片面追求形式，无视建筑功能，忽视长远的经济效益，不顾环境效益，成为一种普遍现象。尤其是住宅设计，片面强调式样，不顾及面积的合理有效利用，不顾及空间的合理组合，不顾及大多数中国人的经济能力，片面追求大厅堂，追求容积率，追求小区内好看不好用的美化设施，破坏了城市生活传统的文化特色，脱离大多数中国人的现实生活水平。

在建筑界，传统与创新的争论依然十分激烈，一旦有所突破，提出突破老框框的设计方案，就会被当作天外来客，不能容忍，大肆活动，横加挑剔，口诛笔伐，欲扼死摇篮。

在上述种种干扰之下，青年建筑师往往不知所措。有些人为了不失去做设计的机会，不得不随波逐流，画了一些违心的图画，以求拿到一笔数目并不大的设计费。这里所说的数目不大，是相对于外国建筑师在中国搞设计的设计费。

建筑教育
师资不足

至于建筑教育，由于"文革"期间大学教育停办，形成教师队伍断代，师资不足。再加上逐年扩招新生，各大学纷纷开设建筑学专业，师资更显不足。从而，不可避免地影响教学质量。而教师还往往不能一心一意专心致志地去教学生，多兼做设计并带领刚刚学会画图的学生当助手画施工图，以期完成创收任务并提高生活消费标准。

建筑理论与历史
更是后继乏人

建筑理论与历史研究，更是后继乏人。近十年来，多是散兵游勇，靠少数积极分子的个人行为来维持局面，成果有限。仅有的一些专门的研究机构非但得不到发展，由于缺乏资金经费支持，也不得不去做些设计，以求维持生存。大学里，从事理论历史教学和研究的教授迫于没有经济效益，也不得不去做设计。而他们为数不多的研究成果由于缺乏补贴，出版社无利可图，甚至赔本，也难得有出版的机会。

建筑评论滞后

大家知道，建筑评论是推动建筑创作的有力武器。然而，我们现在的建筑评论，虽然提倡多年，仍非常滞后。在杂志报刊上看到的文章多属介绍性的，间或还能见到不少溢美的文章，很少有贴切的实事求是的评论。而且，越是重大的工程，越是影响广泛的建筑，越是批评不得。给人们一种误导，似乎越重大的工程越好，越是占据重要地段的工程越好。似乎批评建筑设计，就是否定建设成绩，就是否定业主的成绩。

建筑领域里，百花确实齐放了，好看的花，难看的花都有；有香味的，有异味的花也都有；但是，百家争鸣的局面，我们期待了几十年，却还没有形成。

说到第四代建筑师这个群体，他们本身的长处和短处似可以归纳为以下几点：

群体特点

外文水平较高，对国外情况了解多，了解及时，思想比较敏锐，接受新鲜事物的自觉性也较强，但分析判断的能力却显得薄弱。

掌握的知识面较宽，也不乏才华出众的人，但中国传统文化底蕴远不如第一、二代，比起第三代也稍差。

创作空间、工作条件比起前三代都优越，但自我牺牲精神、敬业精神却不如前三代人。

目前，尽管第三代建筑师在建筑学的各个领域都还占据着主导地位，但在全国来讲，第四代建筑师所做的工程用投资额来衡量已经占有较大的比重，也出现了不少值得称赞的作品。但还没有令世界建筑界瞠目的作品，开一代新风之作亦不多。

这是为什么？我以为：

为什么精品少

我国建筑学历史短，底子薄，且走过不少弯路和不平坦的道路，社会生产力不够发达，在改革开放以来这么不长的历史时期内，在建筑创作上要赶上世界先进水平，是不现实的。

成长的社会条件不同，受的教育不同，对现代科学技术掌握的程度不同，在当代建筑与科学技术和现代材料日益紧密结合的情况下，创作出富有想象力的现代的惊世之作，当属不易，从而也显出创造力薄弱。

建筑学界的理论研究工作，近十年来没有深入的开展，对优秀建筑文化遗产的挖掘和研究也不甚理想，设计工作超负荷，研究工作缺乏财力支持。于是，设计理念不强，缺乏理念支持的建筑设计，也就不可能走得太远。

当前的问题是如何把这第四代建筑师推向历史的前沿，成为主流势力。在这方面，建筑学界远远落后于自然科学界。

在自然科学界已经有不少青年科学家得到研究经费，建立工作室，进行专题研究。当然，建筑师这种职业有它的特点。

社会氛围　　建筑师与画家不同，画家只要有必不可少的笔和材料就能画出一幅画；与外科医生也不同，不管是多么有地位多么有钱的病人，也不敢指挥外科医生如何给他开刀治病。而建筑师的工作则不然，不论有没有文化素养，只要有权有钱，就可以指使建筑师给他设计出什么式样的建筑，且不论他是在外国见到的还是在画册上见过的。因此，建筑师需要一个良好的社会创作环境，既包括投资环境，也包括文化氛围。我们这里不乏这样的实例：建筑师们几乎异口同声地否定的某重大建筑却被一些人认定是优秀建筑。在这种氛围中搞创作其难度可想而知。

祸起萧墙　　此外，在短短的几十年中，祸起萧墙的事也发生过，建筑界自我发难。当然，那是特定历史条件下的产物。比如，解放初期批判杨廷宝的北京和平宾馆，"文革"中批判"洋怪飞"，把刘秀峰的《创造中国的社会主义的建筑新风格》批判为"黑风格"，都是建筑界人士自己挑起的。而那时批判以梁思成为代表的复古主义，建筑界自己也起到了推波助澜的作用，无限上纲，扑风捉影。1955年12月15日，当刘秀峰向刘少奇汇报工作时，刘少奇还曾嘱咐说："最近不是批判梁思成吗?批评的要适当，建筑上好的东西要保存，你们要搞的适当。"[1]

创作环境　　所以说，对第四代建筑师还要给他们创造一个宽松的创作环境。除了借助于整个社会的精神文明建设来提高全社会的文化素养之外，建筑界也需要投入自己的力量来做建筑知识的普及工作，提高全民族的建筑意识。可悲的是，这些年来，少数手中掌握生杀大权的人既缺乏建筑知识又不去钻研业务，还不虚心，只凭借着手中的权柄瞎指挥，建筑师也不得不随着指挥棒乱转。甚至连由一流专家担任委员的方案评审委员会，也形同虚设，哪个方案中选，最后还是由业主敲定。

除了环境条件外，还要给他们创作的机会。

要知道，作建筑师没有项目就不可能"出彩"，而且还要有重大项目，中小型项目不被人瞧得起，即使是"出了大彩"，人家也不承认。而对第四代来说，重大项目怎能落在他们头上？！连第三代都不信任，何况那些第四代。近几年，又有一股子势头越来越强劲的趋势，那就是不论什么项目都找外国人设计。我们并不是泛泛地反对引入国外建筑设计，因为那样对我们借助外力来提高自己的水平不利，但无论如何也不能什么项目都要由外国建筑师来做，比如住宅、博物馆之类的建筑，似无必要花费那么多设计费请外国建筑师来设计。前面说到，一遇重大工程国际设计竞赛，"国产"建筑师就一败涂地，全军覆没，那也是有所指的（比如上海金茂大厦那种特定的建筑），并非泛泛而论。假若举办公正的住宅建筑设计或要求具有地域性、民族特征的公共建筑设计国际竞赛，那末，我们第三代和第四代联手上阵，也不一定会全军覆没。退一步说，明知第四代在某些方面技不如人，有关方面也完全有必要为他们创造条件，让他们有机遇去拼搏。

给予机遇

眼下事实已经证明，尽管第四代当中有些有才华的建筑师做了一些精品，也大都是在中小城市，且又是中小型建筑。大城市中的大工程，即使他们也出了力甚至是做出了突出的贡献，仍不是以他们为首的作品。惟有给他们机遇，才能培养出自己的建筑师。立足于长远，立足于培养，多多地给第四代以"出彩"的机会吧！如果不给他们以创作的机会，尤其是中国加入世贸组织三、五年之后，如果不采取有效措施，第四代建筑师中的佼佼者将一个一个地去给外国驻华设计机构打工，而成果又会是属于人家的。对此，不可等闲视之。

下面，我们试着列举第四代建筑师中一些具有一定代表意义的中青年建筑师及他们的作品。希望大家不要横挑鼻子，竖挑眼，枪打出头鸟，要给他们以更加宽松的环境，设计出更好的建筑。要善待青年人啊！其实，这第四代之中，有不少人已年近半百，属中年了。

注释：

[1] 中国建筑业年鉴.1995年卷.秀峰同志向少奇同志的汇报和少奇同志的讲话纪要.北京：中国建筑工业出版社，1996.

徐行川(1947~)，成都人，1982年毕业于重庆建工学院建筑学专业，分配至中国建筑西南设计院工作至今，现任副总建筑师。他的主要设计作品有拉萨贡嘎机场候机楼、华西医大第三医院、华西医大附一院门急诊楼及综合住院楼、西航飞行员培训中心、西航乘务员培训中心、四川棉麻大厦、重庆邮电学院学生宿舍、四川国税局综合业务楼、内江电信枢纽工程、西南政法大学规划、成都金沙居住区规划等。

徐行川

西南航空公司飞行员培训中心

　　此培训中心建筑面积5000m^2，1999年建成于成都市。其主要功能是用飞行模拟驾驶仓训练飞行员，故此，建筑师将其定位为带有工业厂房感的建筑形式。平面构图形式完整，曲面轻钢屋盖中H形钢承重结构外露，与立面的H形钢构造构件相协调，并结合压形钢板的屋面与外墙板，形成性格鲜明的建筑风格。整体上给人以清新舒展的感觉，落落大方。在尺度比例的把握上也不落俗套。

陶郅 陶郅(1955~),湖南长沙人。1981年毕业于华南理工大学建筑系,1985年获硕士学位。现任华南理工大学建筑设计研究院副院长,高级建筑师。

陶郅主要设计作品还有惠州行政中心办公楼、福州大学逸夫科教馆、湛江影剧院、湛江商检大楼等。他的设计和方案曾多次获各种奖项。

珠海机场设计于1992年,建成于1995年。建筑设计人是陶郅、王加强和汤朝晖。

建筑造型着力刻画出纯净而简洁的个性和特征,体现了特定的功能。同时,为了与舒缓的天然海滨地貌相吻合,并融入所在的特定环境,其体量的处理平缓而优雅,建筑外观采用灰白的主调色彩,与蓝天、碧海和翠绿的植物交相辉映,通过舒缓的建筑与自然平缓的大地景观之间的对话,呈现出独特的滨海航空港形象。

采用双指廊形式,平面为"U"字形,以最短的旅客行走距离、最少的站坪面积和最节约的飞机滑行停靠方式布置在两条指廊的两端和尽端。内部空间全部通透,旅客可以通视各个区域。同时,陆侧和空侧视线也相贯通。设计中通过天窗、中天井以及通透等全自然采光的措施,大量的自然光被引入室内,室内外的自然景观浑然一体。

珠海机场旅客航站楼

刘家琨 刘家琨(1956年~),四川成都人,1982年毕业于重庆建筑工程学院建筑系,分配至成都市建筑设计研究院。1999年8月成立成都市家琨建筑设计事务所,任总建筑师。

主要作品有犀苑休闲营地、艺术家工作室系列等。

艺术家工作室系列设计Ⅲ号——何多苓工作室

何多苓工作室

　　此工作室建于1997年，设计于1994年，合作者卿利蓉，面积为400m²。
　　基本构成是一个金石印章般外形简单，内部繁复的正方形体。采用砖混结构，以封闭的厚墙，狭长的缝隙和中心天井为特征，墙面上的开孔更多是为了组织风景，主要的光源都来自上方的天空。天井四壁封闭，特意拔高，对外成为主体，对内强化了空无。一条飞廊凌空折返，重回环绕天井盘旋而上的房间与路线，它破解了稳定严谨的正方形体。处处焕然一新。

张永和

　　张永和(1956~)，北京人，现任建学建筑与工程设计所非常建筑工作室主持建筑师、北京大学建筑学研究中心负责人、教授。
　　1981年赴美自费留学。先后在美国保尔州立大学和伯克利加利福尼亚大学建筑系分别获得环境设计理学士和建筑硕士学位。1989年成为美国注册建筑师。曾先后在美国保尔州立大学、密执安大学、伯克利加大和莱斯大学任教。自1992年起，开始在国内的实践。他曾在1987年荣获日本新建筑国际住宅设计竞赛一等奖第一名。1988年荣获美国福麦卡公司主办的"从桌子到桌景"概念性物体设计竞赛第一名。1992年，获美国圣路易斯华盛顿大学史戴得曼建筑旅行研究金大奖。1996年在广东清溪的"坡地住宅群"荣获美国"进步建筑"1996年度优秀设计奖。1997年出版《非常建筑》，2000年出版《张永和／非常建筑工作室专集1、2》。2000年获得2000年联合国教科文组织艺术贡献奖；1999年在美国纽约Apex Art艺术画廊举办个展"路边剧场"等。

　　北京大学(青岛)国际会议中心位于青岛市石老人风景区。预计于2001年建成。基地是一个陡坡，北侧的香港路与南端的海边有20多米的落差。中心参与到这个特殊的环境中，形成一个过渡元素。换言之，建筑在此处不是对立于基地的物体，而是地形景观的组成部分。这栋建筑构成一个过程，即下到海边去的时空经验。建筑的形态因此是线性的，它的空间由一系列在不同标高上的既有室内又有室外的平台与楼梯组成。这个空间系列结束在主会议室外向大海挑出的平台。五个现有别墅被改造成中心的住宿部分。新的屋面可上人，是地形变化中的又一个层次。设计主持人张永和，参与者有王晖、彭乐乐、王欣等。

北京大学(青岛)国际会议中心

崔　恺

崔恺（1957～　），北京人，1978年考入天津大学建筑系，1984年获硕士学位，现任中国建筑设计研究院副院长、总建筑师，中国建筑学会副理事长。

他的主要作品有西安阿房宫凯悦酒店（获建设部优秀设计二等奖）、外交部怀柔培训中心、北京外语大学出版楼、山东石油大学图书馆、北京丰泽园饭店(建设部优秀建筑设计二等奖)等。

北京外研社办公楼及印刷厂改造工程

位于北京西三环北路的这座综合性办公楼，建成于1998年1月，曾获2000年国家优秀设计铜奖和建设部优秀设计二等奖。

这是一个将旧印刷厂改造成办公楼的项目，原厂房由T字形布置的框架和砖混的两部分组成。

外立面通过材质和窗户的改造，使之与已建成的外研社办公楼取得协调一致。内部空间将局部楼板砸掉构成中庭，然后将砖混部分的外墙引入，使原本分离的两部分楼体在空间上连成一体。穿过古松的廊桥，映入玻璃大厅的树影和充满阳光的室内花园，完成建筑和环境的交融。镶有文字浮雕的电梯和晶莹剔透的椭圆形会议室使建筑多了几分趣味。

曾　坚

曾坚(1957～　)，广东平远人。1984年毕业于天津大学建筑系，1987年获硕士学位，1992年获博士学位。现任天津大学教授、天津大学建筑设计及其理论研究所副所长、天津大学城市规划设计研究院总规划师。他主持设计规划的主要项目有枣庄市新城区总体规划、枣庄农业银行培训大楼、四川省新都县新城区城市设计等。他长期从事当代建筑美学、建筑文化和建筑设计思潮的研究,发表了30余篇论文。出版《当代先锋建筑的设计观念》等两部著作。

山东省外贸学校主教学楼

建成于1996年,邹德侬为设计指导,山东省外贸设计院完成施工图。校园西北高,东南低,南部为仓库区。为取得最佳景观效果,主要建筑群沿西北—东南轴线垂直等高线布置,依次叠落,形成以主教学楼为底景,能远收东南群山景色的布置。

主教学楼平面采用"Y"字形,端部为二层阶梯教室及报告厅。建筑随坡就势,高低错落。在楼梯间等局部采用"挂打石"等地方做法,并作为建筑群的统一要素。

常 青

常青(1957~),西安人。1991年毕业于东南大学建筑研究所,获博士学位。现任同济大学教授,博士生导师,建筑系副主任;上海交通大学兼职教授。

长期从事建筑理论与历史、中外建筑比较,以及风土建筑保护与改造理论及方法的研究与教学。主持完成城乡改造研究课题多项。提出了从建筑学和文化人类学两个层面对人为环境进行综合研究,探索城乡建筑遗产研究保护与改造新途径的独特思路。

他的主要著作有《中华文化通志·建筑志》(获1999年

国家图书最高奖——荣誉奖)、《培养历史意识,理解环境脉络——论建筑历史与理论教学改革的方向与方法》、《从人类学的视角看建筑形式》、《楼兰城的建筑与文化》、《丝路与汉代拱券技术》、《从丝绸之路看中国古代建筑》、《中国建筑与西域建筑的交流》、《丝路与中国伊斯兰教建筑》等2部专著、6部参著和合著以及50余篇论文。

方案Ⅰ立面

现状立面

现有狭长门厅　　　　　　方案 I　改造后的门厅

方案 II　改造后的圆厅　　改造后的楼梯厅

上海外滩九号（轮船招商总局大楼）复原与更新设计

"大楼建于1901年，是外滩最早的历史建筑之一，中国近代航运商业的重要发祥地。原设计者为英国莫利逊（Morrison）洋行建筑师 G·詹姆斯；主体建筑面积1,400平方米，砖、木、钢混合结构；外观为三段式古典构图，塔司干柱式的凹廊；内部尚存精美雕饰的木楼梯。由于年久失修及人为改动，大楼已面目全非：顶部山花被去除，凹廊变为大玻璃墙面，动人的红砖外墙被水泥砂浆抹平，室内则被各个时期的吊顶、夹层、搭建所充斥，除木楼梯及一些券门、券窗外，已难以辩认昔日的模样。2000年10月，招商局集团（上海）委托同济大学建筑系常青研究室对大楼进行了外观复原及内部更新设计，以恢复其在外滩应有的高品位形象，满足现代商务办公的室内空间需求。设计顾问：罗小未，设计负责人：常青，设计参与：左琰、许乙弘、王红军、王云峰、王方等。

王建国

王建国(1957年~　)，江苏常熟人。1982年毕业于南京工学院建筑系，1989年获东南大学博士学位。

现任东南大学建筑系主任、城市规划设计研究院院长。

近十年一直从事城市规划设计和建筑设计方法和实践的研究，先后主持国家自然科学基金两项，完成多项国家和省部级科学研究项目，先后获国家教育部科技进步二、三等奖三次(其中两次为第二获奖人)，其它省部级奖三项。

主要著作有《现代城市设计理论和方法》、《安藤忠雄建筑专集》、《城市设计》、《可持续发展的城市与建筑》，发表学术论文60余篇。主持和参加完成20余项重要城市规划设计和建筑设计项目并多次中标获奖。其中包括：广州市传统中轴线城市设计方案、浙江义乌旧城改造暨市民广场、河南博物院、南京邮政大楼、江苏徐州市民广场、江苏常熟市商业中心设计、江苏东台市信合大厦建筑设计。

江苏南通市"东洋之花"工业园

该项目规划道路结构和建筑布局45度斜向与垂直正交相结合，突破了工业建筑通常的行列式布局方式。该建筑设计寻求现代科技背景下的工业园建筑美学特征的表达，建筑环境优美和谐，体量穿插有致，主要建筑均采用水平线色带和开窗，简洁明快，体型组合突出了几何和结构的逻辑性，建筑用色则采用了该化妆品曾经用过的蓝绿色系。

主要设计者：王建国(设计主持)，施工图由南通市建筑设计院孙美临、姚薇完成。

覃 力

覃力(1957~)，天津人，现任深圳大学建筑系教授、系主任、深圳大学建筑设计研究院副总建筑师。1984年毕业于天津大学，获硕士学位，1984年~1998年在天津大学建筑系工作，曾任教授、副系主任。1998年任中国航空工业规划设计研究院副总建筑师。1996年~1997年任日本东京工业大学客座研究员，1998年底至今在深圳大学工作。曾主持或参加过宁波海光新都居住小区、日本秦野康复中心、北京电力规划设计院燕郊培训中心等工程30余项，出版《中国古亭》、《国外交通建筑》等专著6部，《世界建筑师的思想和作品》等译著2部。

宁波海光新都居住小区

海光新都居住小区位于浙江省宁波市，第一期工程占地约9公顷，建筑面积约11万m²。该小区以创造一个具有欧洲小镇生活风情的现代化社区为主旨，突出社区中心的空间形象，在宁波地区首次采用组团结构布局和人车分流的交通方式。1999年底设计，2002年全部竣工。为康居示范工程。

从小区的整体来看，具有明显的欧洲风情，各个不同形式的组团构成了一个富有温馨情调的欧风小镇，但又不是简单的模仿，而主要是以会所等公共建筑形成一个社区中心，以求一种全新的建筑形象。

孟建民(1958～　),江苏徐州市人。1982年毕业于南京工学院建筑系,1985年获硕士学位,1990年获博士学位。

现任深圳市建筑设计研究总院总建筑师。

由他和任思源设计的合肥世界城城市设计获第二届"建筑师杯"中青年建筑师优秀设计奖。

孟建民

基督教深圳堂

基督教深圳堂位于深圳市下梅林,2001年8月建成。它是当前国内所建最大的现代型教堂,占地约0.5公顷,建筑面积约8000m²,建筑基地处于窄长型山坡地一角,建筑用地十分局限。

该建筑的设计构思源于《圣经》典故"诺亚方舟"的启发。"诺亚方舟"可称为善之载体,希望之舟。他将教堂设计为一艘大"船",寓意一艘渡人向善之船,给人以希望之船。在这艘大船上,人的灵魂得到陶冶和净化,乘它渡向光明的彼岸。

梅洪元(1958～　),满族。1982年毕业于哈尔滨建筑工程学院建筑系。其后师从邓林翰和侯幼彬攻读硕士和博士学位。现任哈尔滨工业大学教授、博士生导师、建筑设计研究院院长。

梅洪元

长期致力于建筑创作与理论研究,设计作品50余项,其中30余项获国家省部各级奖励,发表学术论文和著作40余篇，培养博士硕士研究生30余人。主要作品有北京四季滑雪馆、哈尔滨新加坡酒店、黑龙江省图书馆等建筑。

北京四季滑雪馆

北京四季滑雪馆是目前世界上最大的冰雪体育建筑，规模20万平方米，是一超大综合体建筑，其形象酷似破雪而出的雪板，力求通过动态的构图与优美的曲线体现力与美的完美结合，整体形象给人以强烈的视觉冲击和震撼。

汤桦

汤桦(1959～　)，1982年毕业于重庆建筑工程学院建筑系，1986年获硕士学位。曾先后在香港华艺设计顾问(深圳)有限公司任建筑师、深圳华渝建筑设计公司任总经理、总建筑师，现任深圳中深建筑设计有限公司董事建筑师、高级建筑师。长期担任重庆建筑大学（现重庆大学)教授。

他的建筑设计作品达20余项，其中主要的有沈阳建工学院新校区、深圳富怡雅居、深圳电视中心、深圳南山冰雪城、深圳南油文化广场、北海逸夫小学等。

贝森集团总部外观

贝森集团总部入口

贝森(Basis)集团总部于1998年12月建于成都市，建筑面积1230m²，造价为615000美元。设计概念基于对建筑基本原则的理解和认识。场地位于开阔的平原上，一条高压电缆从西北向东南穿过整个区域。总平面规划因循高压线走廊的趋势和尺寸进行布局。

办公楼位于场地的北侧，配套设施沿高压走廊的走势从北向东南延伸。西南方向为开阔的绿地和运动场地及游泳池。建筑物以简朴的形式呼应平原的风景文脉，表达出地域性和历史性的意味。

建筑包含两个迭交的系统——外围以组块材料(砖、混凝土)建成，形成一个清晰、完整的支撑体系，内部则采用线形材料(钢、玻璃和木头)。这两个体系相互对照，各自有不同的纹理，形成交织有序的形状——从户外空间到户内空间——砖—钢＋玻璃—木头。

在两个体系之间有延伸的柱廊，明亮、通透。在建筑中轴的尽端，圆弧形的砖墙围合了一个透明的玻璃立方体的会议室，大块的玻璃幕墙使户外的自然风光映入高大的建筑内部。

刘 谞

刘谞(1959～　)，河北沧县人。1982年毕业于西安建筑科技大学建筑学专业，曾任新疆建筑设计研究院副总建筑师、喀什市副市长。现任新疆城乡规划设计院院长兼总建筑师，教授级高级建筑师。他的建筑设计作品曾多次获各种奖项。

他曾在《建筑学报》、《建筑师》等刊物上发表30余篇学术论文。

火炬大厦全貌

火炬大厦外观局部

火炬大厦1996年至1998年建成于乌鲁木齐市，获乌鲁木齐最富创造力建筑设计奖。

火炬大厦的定位是多元的，是各种意识的叠加。维吾尔族人看到那风格浓郁的造型，会说，这是我们维吾尔族的文化；中原人看了那中轴对称的建筑，会说，这是中原文体的体现。还可想象，这也是一座皇家古堡，蕴涵着雍容大度的品格。人们还可以在这里看到宗教的佛塔、长城的烽火台，感受到源远流长的文化氛围。

火炬大厦，主要反映出区域文化特点，同时又交融了东西方文化。在设计上，"火炬"后枕鲤鱼山，为达到山水共融的目的，火炬大厦让开一条便道，使人们很方便地出入山林。火炬广场也独特，白鸽飞瀑、绿树成荫，环境幽雅，让人们在这里休憩、生活，表现出火炬大厦与邻居友好相处的构想。

"火炬"以乌鲁木齐北京路为中轴线，从轴线看去，火炬面呈45度角，这是观察事物的最佳角度。

张伶伶

张伶伶(1959~)，山东烟台人。1982年毕业于哈尔滨建工学院建筑系，1986年获硕士学位，2000年获博士学位。现任哈尔滨工业大学建筑学院院长、教授及天作建筑工作室主持人。

他的主要设计作品有云南大学体育馆、吉林世纪广场城市设计、佳木斯大学校区城市设计、龙湾海滨区城市设计、松花湖风景区大门、哈尔滨煤气公司职工教育培训中心、废弃的楼梯间等。主要著作有《建筑创作思维的过程与表达》(第一作者)、《张伶伶论文作品集》、《世界室内装饰设计资料集》(5～8册)主编、《建筑局部细部设计丛书》(共12册),是其中6册的第一作者)。

吉林"世纪之舟"

　　"世纪之舟"是吉林市世纪广场的主体建筑,结构高度达57米,钢网架结构,以通透性为其基本设计原则。顶层观光层外墙采用全玻璃幕墙,可全方位俯瞰吉林市远近风光。高空中悬挂的红色巨舟雕塑长25米,宽6米。飘浮于蔚蓝色天幕下由4块三角形板构成的这抽象的船,寓意吉林"古船厂"的历史和腾飞于新世纪。这座宏伟的建筑给人以强烈的震撼,现已成为吉林市标志性建筑。

　　周畅(1959～　　),北京人。1982年毕业于哈尔滨建工学院建筑系,曾任《建筑学报》编辑、北京园林古建设计研究院设计室主任、建设部综合勘察设计研究院副院长、总建筑师。

周　畅

　　现任中国建筑学会秘书长、教授级高级建筑师,已设计(主持)完成50余项工程,并有多项获部级及市级奖项。主要著作有《当代中国建筑师(中青年编)——周畅》一书。

板式小高层与点式小高层相结合的布局方式

四平苑居住区传统风格与西洋古典相结合的住宅立面

南京四平苑居住区，建成于2000年，规模为5万 m^2。

在小区空间组合上将它划分成几种不同的组团。在保证日照间距的条件下，合理布置住宅，使板式多层塔式小高层等灵活组合，丰富了小区的空间层次。整个小区布局疏密有致，并省出了较开阔的公共活动绿地，使人感到空间开阔，没有压抑感。

在建筑造型处理上，以传统建筑中的斜屋面和三段式为主要构图手法，配以西洋古典柱式。既从传统文化中汲取营养，又辅以现代建筑的浓郁气息，给人以传统文化与现代建筑相辅相成的感受。

屈培青(1959~)，现任中国建筑西北设计院副总建筑师，国家一级注册建筑师。1998年入选陕西省"三五"人才工程(中青年科技带头人)。近两年具有一定影响的主要设计作品有陕西省信息大厦、西安美术学院会展中心等。

屈培青

陕西省信息大厦

此大厦目前(2001年8月)正在施工，方案设计已获中建总公司优秀方案二等奖，合作者是秦华昊。总建筑面积98600m²，裙楼地上4层，主楼地上51层，地下3层，总高度为190米，为当前西北地区最高建筑物。主楼采用圆弧形平面并与道路走向呈45°角布置。立面采用水平玻璃幕墙与金属铝幕组合，用3层通高的花岗岩石柱做主楼基座。主楼两端设有观光电梯直达51层观光厅。此大厦内功能需求多样复杂，既有管理办公用房、外国专家公寓，又有各种交易综合展厅、各种大小会议厅以及饮食城、少年科技馆等。因此，在平面及空间处理上建筑师做了深入细致的推敲。

伍 江

伍江(1960~),南京人。1983年毕业于同济大学建筑学专业,1986年获硕士学位,1993年获博士学位。现为同济大学教授、校长助理、建筑与城市规划学院副院长。

他的主要设计作品有山东省泰安市市政中心、广西贵港市市政中心等。

他的主要著作有《上海百年建筑史》、《上海弄堂》(与罗小未合著)、《上海近代建筑风格》(参著,郑时龄主编)。论文有《校园与社区》、《追求城市设计的真正含义》、《近代中国私营建筑设计事务所回顾》等。

山东省泰安市市政中心全貌

山东省泰安市市政中心,1999年全国建筑设计招标中标方案。设计主要参加者林刘力、戴明、李怀敏。

同济大学建筑设计研究院配合完成扩初设计,泰安市建筑设计院完成施工图设计,2001年竣工。

建筑面积8万 m^2,建筑高9层。建筑位于泰山脚下,以强烈的水平线条、舒展飞逸的平屋顶和低矮简洁的轮廓线来衬托泰山。以金属大挑檐、水平线条、浅色调和大面积透明玻璃来追求现代感。通过上翘的大挑檐,挑檐与建筑主体之间的后退虚化处理、虚化部分的建筑构件以及立面的构图与比例,力图体现一种传统建筑的神韵。

陈 薇

陈薇(1961~),女,南京人。1983年毕业于南京工学院,1986年获硕士学位,现任教授、博士生导师。1986年以来,先后获省部级一、二、三等奖6项。1997年被遴选为"江苏333跨世纪学术、技术带头人"。研究方向为建筑历史与理论。

主持和参加完成国家自然科学基金项目4项,任国家自然科学基金青年基金项目"长江中下游沿江景观的理论及再开发研究"项目负责人;主持和参加部省级研究项目5项。曾先后主讲课程6门。并在"中国建筑史"教学改革方面取得国内领先的突出成绩。主持和参加完成实践工程15项。

她的主要著作有《中国美术分类全集·中国建筑艺术全集·私家园林》,《中国古代建筑史(第四卷)·元明建筑》(潘谷西主编,参编),《中国建筑史》(全国统编教材)(潘谷西主编,参编),《江南理景艺术》(潘谷西主编,参编)。

此外,尚发表论文近50篇。

江苏常熟虞山辛峰亭游览区规划与广场设计(任项目负责人和工程负责人),竣工时间:1997年;规模:18公顷;广场面积:11000平方米;绿化配置:周小棣;竖向设计:温秀。

常熟是历史文化名城,山城结合是其主要特征。虞山辛峰亭游览区,存有多处文化遗址和文物建筑,自然景观优美,且山脚直接成为山、城的结合部。

规划和设计的特色是:强调山林和城市连为一体的地理特点;增强景观系列的完整性、主次性和序列性;在流线上进行引导、在规模上进行控制,确保文化品位和自然生态特性的体现。广场作为山城结合部,解决地形、道路、功能和城市空间上的转换和过渡。

徐卫国

徐卫国(1961~)，1978年考入清华大学建筑系，1986年获硕士学位并留校至今，现任清华大学建筑学院教授。他的主要设计作品有北京前门文化体育用品商店室内、南通市牛市酒吧、广东南海市黄歧剧院、清华科技园创业大厦、三峡水电站厂房设计研究、绵阳新益大厦、山东师范大学文史楼等。发表论文30余篇，出版专著《快速设计方法》。

清华科技园创业大厦渲染图

这座办公楼预计将于2002年建成。该建筑原名孵化器大厦，设计构思来源于"孵化"之意。建筑师力图将两种完全不同的系统进行远距离的联合。建筑主体与南侧翼楼分别为不同的材料、不同的尺度、不同的色彩、不同的造型风格，试图表现"结合"、"新生"的过程状态。

庄惟敏

庄惟敏(1962~)，浙江镇海人，1985年毕业于清华大学建筑系，同年攻读硕士学位，1987年转攻博士学位，1992年获日本千叶大学工学博士学位。现任清华大学建筑设计研究院副院长、教授、博士生导师。

他主要研究建筑设计及其理论，对建筑策划及设计方法有较深入的研究。在国内外首先提出建筑策划的概念和理论框架，并在实践中有成功的运用。

由他主持设计的公共民用建筑达几十项，其中有些已获各种奖项。发表论文20多篇，2000年出版专著《建筑策划导论》。

天桥剧场翻建工程

　　天桥剧场翻建工程(中央芭蕾舞团剧场)设计于1994年，竣工于2001年3月。该剧场位于北京宣武区北纬路。总建筑面积2200m², 重建于原天桥剧场旧址，观众厅1237座，剧场立面力求反映观演建筑的文化气质，突出艺术内涵，采用对称构图，花岗岩贴面，与剧场前广场形成一个完整的具文化氛围的空间。

　　设计合作者：李道增、黄宏喜、杨晨等。

周　恺

　　周恺(1962～　)，1985年毕业于天津大学建筑系，1988年获硕士学位后留校任教，1990～1991年在德国鲁尔大学建筑工程系进修，1992～1994年在天津高校建筑设计院任副总建筑师。1995年至今在天津华汇工程建筑设计有限公司任总建筑师及天津大学建筑学院兼职教授。

　　他的主要设计作品有中国工商银行天津分行大厦及天津师范大学艺术体育楼。前者1999年获天津市优秀工程设计一等奖、2000年国家优秀设计铜质奖和2000年建设部优秀工程设计二等奖，后者获1999年天津优秀工程设计一等奖、2000年获建设部优秀工程设计二等奖。

建成于1998年,合作者有张大力、吴存华、江澎。地下2层,地上35层,总高141米。建筑平面近似正方形,主体结构采用钢筋混凝土外筒内框体系。大厦立面按三段分割,基座采用柱廊,塔身简洁挺括,塔顶向上收分。其突出特点是建筑的每一处细部都做到了精心构思,缜密设计。室内设计以灰色花岗岩为主调。屋顶花园是两层高的屋顶花园,以玻璃天棚覆盖,室内外设计及至照明设计均由建筑师通盘考虑,一次完成。

工商银行天津分行大厦

龚惟敏　　龚惟敏(1964～　),1984年毕业于同济大学建筑系,1987年获同济大学硕士学位。1987至今在深圳大学建筑系、建筑设计院工作,现为副教授、副总建筑师。

　　深圳报业大厦建筑面积为92000m²,42层,1994年设计,1998年建成。主要设计人为龚惟敏、卢旸。

　　报业大厦楼高42层(局部47层),塔尖高260米。主体塔楼9～40层为办公用房,41、42层为国际会议室及俱乐部,4层裙房中设有展厅、餐厅、700座会议厅等内容。

　　基地位于深圳市福田中心区边缘,面朝城市主干道——深南大道,在城市环境中位置十分显要。为了与未来的新市中心的建筑相适应,大厦的造型以现代风格为基调，同时通过斜线构图、"球体"、"船形"等建筑语汇及它们的复合构图原则及空间逻辑的组合，产生业主所期望的形象象征及造型特点。塔楼主体采用了双筒式平面，内部空间自由、灵活。塔楼中每隔三层设有一共享空间——"空中花园"，是以植物为主题的休息、活动场所。玻璃球体的内部是一个12米高的半球形空间，现为高级会议厅。裙房船形敞廊提供了大面积的半室外集散空间，体现了热带建筑的特点。这些空间构成了垂直发展的公共空间体系，从地面至空中的每个楼层都能对应于一个或几个这样的特色空间。

获2000年深圳市优秀设计金牛奖，2001年广东省优秀设计一等奖。

深圳特区报业大厦

田 健

田健(1965~)，内蒙古赤峰市人。1986年毕业于哈尔滨建筑工程学院建筑系，1995年获哈尔滨建筑大学建筑史论硕士学位，现正攻读博士学位。现任哈尔滨工业大学建筑学院高级建筑师。从事建筑设计工作十余年，完成三十余项工程设计，其中主要有：哈尔滨圣索菲亚教堂修复设计、哈尔滨东方家园——欧洲新城(与法国黄福生城市与建筑事务所合作)、哈尔滨理工大学教学楼、哈尔滨理工大学体育馆等建筑。主要著作有：《宅第建筑(一)：(北方汉族)》(与侯幼彬教授合作)、《中国建筑艺术丛书——窗》、《哈尔滨圣·索菲亚教堂》。即将完成的博士论文《经济建筑史观》将从经济学的角度阐释中国建筑发展的根本原因，提出中国建筑史学的一种新的理论观点。力争在建筑理论研究和建筑设计实践中取得双向发展。

哈尔滨东方家园——欧洲新城，是一座功能齐全、设施完备的居住社区，占地17公顷，规划建筑面积54万m^2，与法国黄福生城市与建筑设计事务所合作设计。获得2001年国际建筑中心联盟精品楼盘奖。摒弃以中心绿地为中心的居住区通用规划设计手法，而是博采欧洲传统的街坊邻里式规划布局与中国传统合院围合建筑组群布局的精华，两横两纵的复合绿化交通，将整个用地分为大小不等的9块用地，其中6块用地采用半围合的合院形式，纵向运用了大尺度的拱门、建筑开口形成了具有传统神韵的纵向空间序列。每一个大院都有不同主题的环境设计，并且每一户居民都有良好的景观。屋顶采用穹隆顶，内部为跃层住宅，整体造型与立面处理力求体现哈尔滨近代建筑的神韵。

哈尔滨东方家园——欧洲新城部分建筑立面

哈尔滨东方家园小区规划图

吴耀东

吴耀东(1965～　)，河北省邯郸市。1987年清华大学建筑系毕业，1989年获硕士学位。1992～1995年，公派到日本东京大学工学部建筑学科留学。1995年获东京大学与清华大学联合培养建筑学工学博士学位。1995～1997年，清华大学建筑学博士后研究员。现任清华大学建筑学院副教授、建筑设计研究院副总建筑师和第一综合建筑设计研究所所长、《世界建筑》杂志副主编。主要著作有《日本现代建筑》，《现代建筑发展的比较研究》，《现代建筑发展的历史研究：日本现代建筑成长史》，建筑设计作品主要有云南省自然博物馆、清华大学逸夫技术科学楼、北京首都国际机场体育活动综合馆、北京证券中心建筑改造工程、北京首都国际机场宾馆扩建工程等。1998～2000年，参加中国国家大剧院工程国际建筑设计竞赛，并最终由法国巴黎机场公司与清华大学联合投标的方案中标。后应法国巴黎机场公司总建筑师Paul Andreu之邀，代表清华大学，赴法国参加中国国家大剧院工程的合作设计任务。

北京首都国际机场体育活动综合馆

它是一座现代化的小型体育馆。总建筑面积4492m²。建筑总高为17.8m。室内外高差0.6m。体育活动综合馆的比赛场地南北向布置,采用36m×20m的一类场地,可以满足篮球、排球、羽毛球、乒乓球和一般性体操比赛及训练的要求,同时也可兼顾文艺、展览、集会等多功能需求。观众固定座席为1180个,比赛场地两侧可设置140座活动座席。

整体设计追求理性、秩序、简洁、明快、平和、开放的建筑性格。二层观众休息厅与比赛大厅之间以透明玻璃墙面分隔。由于综合馆平时面向职工开放,充分考虑利用自然采光通风的可能性,在东西两侧设置了大面积的高侧窗。同时,为保证在平时活动及训练时有适宜的天然采光条件,比赛大厅采用了较大面积的屋顶天窗采光,天窗采光面积达18.667m×26.667m。

李兴纲(1969~　)，河北乐亭人。1991年7月毕业于天津大学建筑系。1991年7月至今，任职于建设部建筑设计院(现中国建筑设计研究院)，现任院副总建筑师，高级建筑师，国家一级注册建筑师。

他的主要作品还有北京兴涛学校(1998年建成)。

李兴纲

天津泰达小学

　　天津泰达小学位于天津开发区，2001年建成。设计构思始于设计者对学校的本原的追问和思考"学校起源于一个人坐在树下与一群人讨论他对事物的理解，……很快空间形成了，这就是最初的学校。"——路易斯·康的描述成为设计的起点。学校的中心空间不是实的建筑体量，而是一个被教学办公楼三面围合的中央庭院，中间下沉为"露天讲场"，其上覆盖着一片可以遮阳避雨的张拉膜(由于资金压缩的原因，张拉膜暂缓实施)，这里是平时师生交流讨论的场所，也可以成为节日里学生演出庆祝的露天剧场；周围则是庭院平台，圆形的音乐教室下的综合活动室的玻璃门可以面向操场全部打开，以举行更为盛大的活动。

　　建筑采用灰色面砖作为主要的外装修材料。这里，普通的建筑材料和色彩被作为一种背景，而活泼好动的孩子们将和具有丰富色彩的艺术品(雕塑和室内的彩色挂板)一起，成为格外突出的景致。设计中尝试光线在建筑中的不同运用，比如阳光下建筑的体量感和空间感，主门厅的高大明亮，阳光回廊的明快动感，图书馆目录厅的安宁娴静等。

由运动场(风雨操场)看三面围合的泰达小学中央庭院

天津泰达小学是竞赛获胜实施方案,曾获建设部建筑设计院优秀方案一等奖(1999年),优秀施工图设计二等奖(2000年)。

天津泰达小学"阳光回廊"

参考文献

1. 梁思成全集. 北京:中国建筑工业出版社, 2001
2. 童寯文集. 第一卷. 第二卷. 北京:中国建筑工业出版社, 2000. 2001
3. 中国大百科全书. 建筑·园林·城市规划卷. 北京: 中国大百科全书出版社, 1988
4. 赖德霖. 近代哲匠录. 中国建筑业年鉴. 1994年卷. 北京: 中国建筑工业出版社, 1995
5. 杨永生主编. 中国建筑师. 北京: 当代世界出版社, 1999
6. 建筑师编委会. 中国百名一级注册建筑师作品选. 1~5卷. 北京: 中国建筑工业出版社, 1998.
7. 杨永生、顾孟潮主编. 20世纪中国建筑. 天津: 天津科学技术出版社, 1999
8. 中国科学技术协会. 中国科学技术专家传略. 工程技术编. 土木工程卷1. 北京: 中国科学技术出版社, 1994

人名索引

姓　名	页码	姓　名	页码
白德懋	74	梁思成	30
鲍　鼎	40	林徽因	30
贝寿同	37	林克明	41
布正伟	93	林乐义	64
蔡镇钰	92	凌本立	104
常　青	120	刘　力	105
陈　薇	132	刘　谞	127
陈　植	26	刘福泰	39
陈伯齐	42	刘光华	72
陈从周	72	刘郭桢	22
陈明达	70	刘家琨	116
陈世民	89	刘开济	75
陈志华	98	刘先觉	100
程泰宁	90	刘致平	53
崔　恺	119	柳士英	39
戴复东	97	龙庆忠	42
戴念慈	66	卢济威	104
单士元	44	卢毓骏	43
董大西	28	陆谦受	43
范文照	39	吕彦直	18
费　麟	102	罗邦杰	38
冯纪忠	71	罗小未	75
傅熹年	88	罗哲文	74
傅义通	74	马国馨	96
龚德顺	74	梅洪元	125
龚惟敏	136	梅季魁	99
关颂声	38	孟建民	125
关肇邺	85	莫伯治	60
郭湖生	100	莫宗江	72
哈雄文	44	聂兰生	98
何镜堂	94	潘谷西	97
侯幼彬	101	彭一刚	86
华揽洪	58	齐　康	84

黄汉民	106		屈培青	131
黄星元	104		饶维纯	102
赖聚奎	104		尚 廓	81
李道增	99		佘畯南	71
李光耀	73		沈理源	38
李惠伯	45		沈玉麟	73
李锦沛	41		宋 融	76
李兴纲	141		覃 力	124
李宗泽	101		谭 垣	43
汤 桦	126		郑时龄	105
陶 郅	116		钟训正	83
田 健	138		周 畅	129
童 寯	27		周 恺	135
汪 坦	71		周庆琳	103
汪定曾	70		周维权	97
汪国瑜	72		周治良	76
王华彬	44		朱畅中	73
王建国	123		庄 俊	17
王世仁	101		庄惟敏	134
王天锡	105		左肖思	103
王小东	95		魏敦山	87
吴焕加	98		吴良镛	68
吴耀东	139		伍 江	132
奚福泉	41		夏昌世	37
项秉仁	106		邢同和	105
徐 中	70		徐敬直	43
徐尚志	62		徐卫国	134
徐行川	115		严星华	73
杨鸿勋	100		杨廷宝	32
杨锡镠	40		虞炳烈	39
曾 坚	119		曾 坚	75
张 镈	53		张锦秋	91
张开济	56		张伶伶	128
张钦楠	99		张耀曾	102
张永和	117		张玉泉	70
张驭寰	97		赵 深	25
赵冬日	71			

后 记

现在，这本书的清样终于看完付印。

今年春天，挚友香港建筑师钟华楠先生来京讲学，我把在广州一次会上就这个题目的讲话稿给他看，想听听他的指教。未料，他竟敦促我写一篇文章，在香港发表。文章刚刚写完，应我的母校哈尔滨工业大学建筑学院院长张伶伶教授之邀，给学生们又讲了一次。在今年6月出版的《香港建筑学报》第28期上发表了拙文《四代建筑师——中国建筑的过去、现在和未来》，引起了一些反响。于是，钟华楠先生又一次敦促我把那篇文章加以拓展，写一本书出版。这里，我应该首先感谢钟华楠先生，没有他的指教和鼓励，我是万万没有勇气写这本书的。

我还应该感谢好友钟训正和彭一刚二位教授。他们除了鼓励我写这本书之外，还帮我看过初稿，提出了许多宝贵意见。

至于中国建筑工业出版社同我一道工作过的青年朋友，我不能忘记他们的支持。正因为有出版社有关领导同志和各道工序有关朋友的热情帮助，这书才得以在我70周岁生日前夕正式出版发行。我以为，这是对我在建设部门新闻出版战线大半生工作的最好奖赏。

附带还要说明一个问题。书还没出来，就有朋友问我，你在书中述及百余名建筑师，是根据什么标准选取的？老实讲，这个问题虽然一直困惑着我，但到现在，我依然不能全面说清楚。如果一定要我回答，我只能说，反正不是国标。用近年流行的话来说，我是跟着感觉走的。这一点，请读者谅解。

至于书中的不足和错误，我诚恳地希望读者批评指正。意见可寄至北京（100037）百万庄中国建筑工业出版社，交我即可。

杨永生

2001年12月
于北京寸屋。